生者と死者を結ぶネットワーク

日本的死生観に基づく生き方に関する考察

郷堀 ヨゼフ
著

上越教育大学出版会

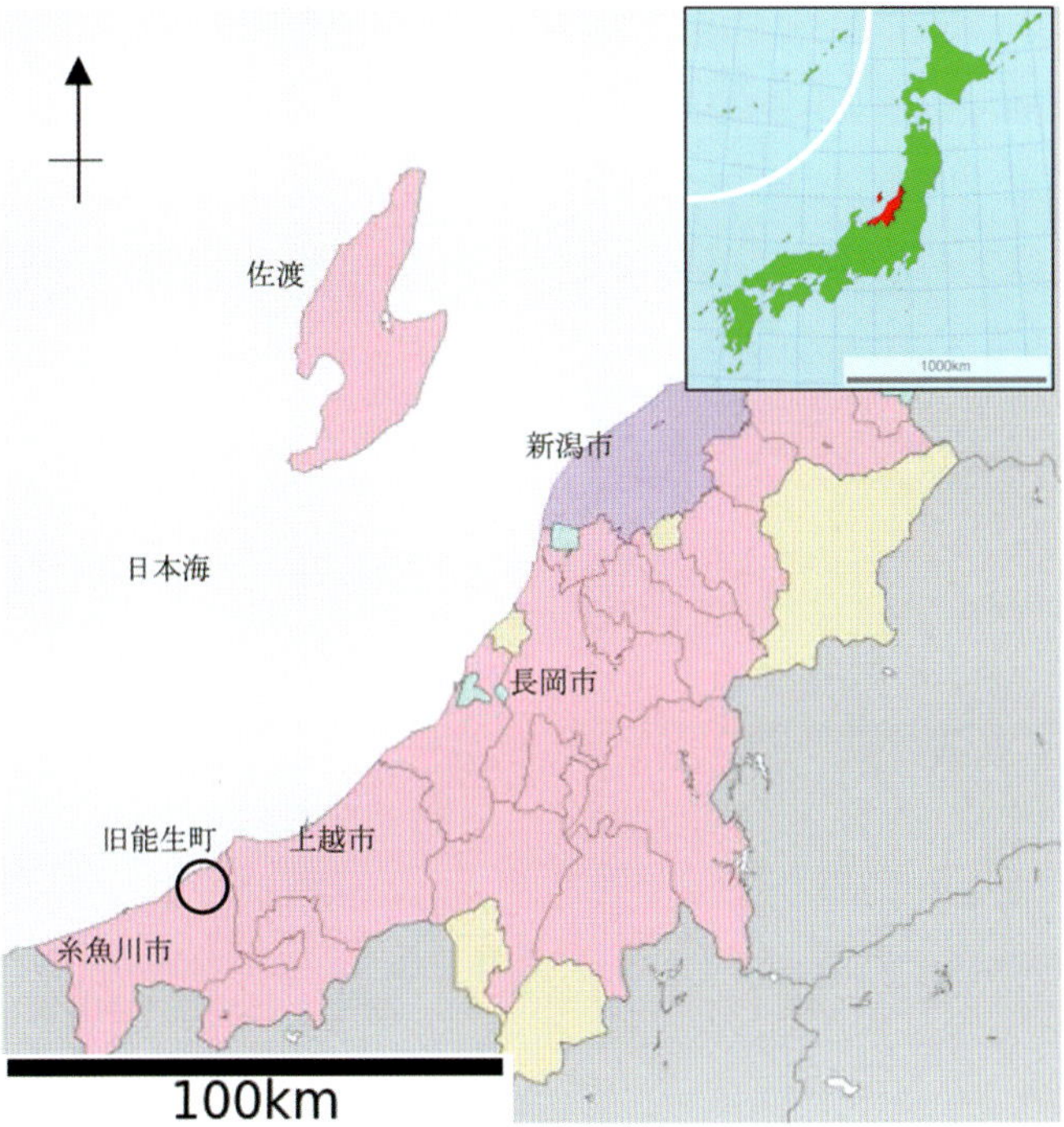

新潟県

能生地域

禅宗寺院（双原寺）にて

禅宗寺院（双原寺）にて

盆提灯

精霊棚《しょうらいだな》

はしがき

二月半ばの新潟県上越地域。棚田の田んぼは雪に覆われ、白くて柔らかそうな布団の下で眠っているようにみえます。あぜ道をなぞるなだらかな曲線が美しく幻想的でさえあります。ですが、雪の下では種を預かり今年の稲たちを育てるための準備がすでに始まっています。静かな雪景色の下には生き生きとした物語が始まろうとしています。私の見たこの地域全体はいつもこうです。見た目は穏やかですが、深層はダイナミックです。

本書ではこの上越地域にある能生という場所を紹介したいと思います。紹介といっても、ニュースにでも登場するような珍しいものを発見したわけではありません。毎年毎年降ってくる雪と同じように、この本で取り上げている生者と死者との関係性、仏壇や遺影を媒体としたつながりは、当たり前過ぎて呆れる読者の方もおられるのではないかとさえ思います。地域の人びとの生（なま）の声を記録し構造化したとはいえ、この本で一体何を言いたいか、そう思われたとしても、ぜひ最後までお付き合いください。この越後の旅の目的地は死を超えたつながりです。我々人類にとって、今も昔も大きな不安であり大きな課題である死。世界の宗教では死後の世界を描きながら時には複雑な教えを説くのですが、私がフィールドで出会った生者と死者を結ぶ関係性は親しみに溢れ、文化や言葉を超えてとてもわかり易いものでした。

近頃、「死」そのものにスポットライトが当てられ、医療や福祉の在り様が問われ、「死の質」という概念まで提唱されています。中でも一人ひとりの選択にあった死ですとか、死を主体的にマネジメントできることですとか、様々な話が耳に入ります。ですが、この本で書き留めたのは、一人の人間という枠組み、一人の人間の生と死という枠組みと次元を異にする物語であります。一人の人間の誕生よりはるかに昔から始まり、一人の人間の死のずっと後も受け継がれていくであろう物語です。日常生活の中で紡ぎ出され、死後もなお続く人と人とのつながりは、この地域の人びとに安心感をもたらしているように思います。

異国の都市（まち）からきた私が新潟県の山村と漁村でこのつながりに気づいたことは、何を意味しているのでしょうか。本書の後半で詳しく述べていますが、私の生まれ育った国では多くの人びとが「今」を生きることに重きを置いています。「主体的」といえるかもしれませんし、一人ひとりの選択肢に合った生き様であるかもしれませんが、自己中心的でもあり、現世中心的でもあります。墓を持たず、葬儀を行わない家族が増え、死者の写真に話しかける人の姿をみたとしたら、精神病だと思う人がほとんどでしょう。その結果、人間関係も人生そのものもまた一人の誕生をもって始まり一人の死をもって終わってしまう短編小説になりました。受け継がれることもなければ、二度と物語られることもないという危険性を帯びています。むろん、不安の元にもなります。そして死を考える、死を受け入れる妨げにもなっていると、ホスピスやターミナルケアの関係者の多くは語っています。

この本が、日本では当たり前すぎて何の面白みもない生者と死者とのつながりを再考し、異国と比べながら生き様と死に様を考えるきっかけになればと願いながら筆を置きます。

平成二八年二月一〇日　上越にて

郷堀ヨゼフ

目次

図表一覧

凡　例

（　）は出典明記
「　」は引用文、和文論文タイトル、アンケート調査の問い、または、言葉の通常の意味を留保したいときに使用する
『　』は書籍タイトル、本研究で分類し命名したパターン等
〔　〕はインタビュー調査の口述を引用するときに使用する
【　】はインタビュー調査対象者の属性（性別、年齢等）を掲載するときに使用する
記述例【男性、90歳、ケア、真宗】
略の説明：居住形態　「自宅」自宅で暮らす対象者
「ケア」ケア付き住宅で暮らす対象者
「施設」介護施設（特別養護老人ホーム）の利用者
宗派　「真宗」浄土真宗
「禅宗」禅宗（曹洞宗）
「真言」真言宗

※図表番号の書式は、図の場合、「図1、2、3…」となっており、表の場合、「表1、2、3…」となっている。
※引用する際に、（著者 年号：ページ数）という形で出典を示し、本文末に位置する「引用文献および参考文献」の一覧に掲載している。
※本書に掲載したすべての写真は著者により撮影されたものである。なお、撮影された対象者や対象者の所有物については同意を得た上で公開している。

序章　今、なぜ死者を語るのか

第一節　この本の概要

本論に入る前に、まずは筆者の立場に触れたいと思う。以前、母国チェコのカレル大学日本研究学科に所属しながら、日本社会について研究、いや基礎的な知識も含む初歩のような勉強を終え大学院に進学しようとしていた頃だった。母国では、まだ徴兵制があったため、一年半ほど大学を離れ、兵役に服することとなった。ただし、軍隊には入らず、社会奉仕活動としてある病院の緩和・長期治療病棟で働いた。そこで目にしたのは、医療機器や医療スタッフに囲まれながらも、一人で死にゆく数多くの高齢者たちだった。家族や友人の姿は滅多に見られず、結局孤独死としか言い様がない状態であった。この体験は筆者を現在の研究に向かわせた一つのきっかけとなった。だが、それと同時に、筆者の立場や筆者の専攻分野の焦点がぼやけてしまった出来事でもあった。つまり、それまでは日本社会および日本文化に関する研究を進めようとしていたが、この体験を機にそれが生と死の問題や終末高齢期の生き方、医療や福祉などを視野に入れた複数の分野に架橋する取り組みとなった。限られた知識と経験の中、生木に釘を打つようで決して容易な作業ではないが、ここでは学際的アプローチを試み、日本的死生観を礎にしながら生者と死者を結ぶ関係性について論じていきたいと考えている。チェコ人の立場から日本文化に視線を向け分析する際には、乗り越えなければならない多くの山が存在するが、それは翻って拙論の独自性と独創性にもつながると考えられる。類似した試みが非常に少ない中、意義のある取り組みであると考える。

第一項　生者と死者とのつながり　～問題の設定～

世界的にみても、過去に例のない速度で高齢化が進んでいる今日の日本では、高齢者をめぐる諸課題を対象とした研究が急務であろう。その中で、医療や社会福祉を制度として扱い、医療従事者、施設、行政、つまり「提供者」の視座に立つ取り組みが重視されがちであるが、高齢者自身に焦点を当てた終末高齢期の生き方に関する取り組みも重要な視点である。なぜならば、彼らの生き様や彼らの世界観・死生観を抜きに、高齢化社会の医療や介護の有様や改善は語れないからである。そこで、本研究では、高齢者個々人を支える人間関係に注目してきた。この関係の構造をネットワークとして捉え、社会学のネットワーク論を借用することにした。このネットワークとは、その中心に位置する高齢者個人に人的資源を提供しており、社会的サポートおよび疾病や疎外現象の予防としてはたらく人間関係の構造であると定義されている（杉澤 2007）。そして本論の題目にもなっている「つながり」とは、このネットワーク・メンバーを結ぶ諸関係ということになる。

筆者は、かつて日本でネットワーク論に基づいて調査を実施したときに、「大切な人」について多くの介護施設の高齢利用者と話してきた。その際に本研究へと導く場面に出会った。それは、次のような場面である。「あなたにとって大切な人とは誰ですか」と質問したところ、それまでの話の中ですでに死亡していることの明らかだった亡夫や亡妻の名前が出されたのだ。また、日本の高齢者は、仏壇の前で合掌し、先立った配偶者などにまるで日常会話をしているかのように声をかけている。お盆の時期になると、死者の魂が家に戻り子孫とともに一定の期間を過ごすという習俗も、死者とのつながりの強さを物語っている。

だが、西洋文化の中で生まれ育った筆者にとっては、このような死者と生者を結ぶ直接的な関係性が新鮮であり、驚きでもあった。生活空間の中に想定されている一種の対話の相手として文化的かつ社会的に認められる死者は西洋には存在しないからである。さらに、社会的ネットワークの理論は西洋生まれのものであり、「社会」という語句があるように、生者との関係のみが想定されている。その結果、すでに死亡しているネットワーク・メンバーについての記述は皆無に等しい。しかし、日本人の高齢者が死者を大切な存在として認識し、自分のネットワークに位置付けようとしていることは、眼の前に現れた事実であった。そして、その「大切な人」とのつながりが死で終わらない、という気づきから本博士論文研究は出発した。言い換えると、高齢者の生き方やＱＯＬ[1]等との関連で登場するネットワークを再構築し、死者をも含むネットワークについて再考しなければならないという課題が明確になったということである。さらに、もっと広い意味で、死者と生者との関係性は、現在いかなる形式をとっており、いかに意識されているかを究明する課題が浮き彫りになった。

死者と生者とのつながりは、日本や筆者の母国のみならず、少子高齢社会といった現象を抱えている諸国にも通用する課題である。ハーパー（Harper 2006）が指摘しているように、少子高齢化にともなって、家族や親族は規模が次第に縮小し、人的資源に乏しく組織として弱くなっている。反対に、この組織を守るために、家族員同士の凝集性が高まり、強い情緒的関係が生まれてくる。いうまでもなく、この情緒的関係性は、近代家族の特徴としてしばしば挙げられている（落合 2000）。したがって、現代人の多くは、限られた人的資源の中で、強い情緒的関係で結ばれた配偶者など、人生を共に歩んできた家族や同世代の友人たちと死によって別れ、先立たれてしまうのである。それまで身近な存在であった生者たちは、死者へと変わるプロセスを遂げ、生前、強いつながりをもった遺族にとってやがて「親しい死者」になるであろう。超高齢社会になった今日の日本にとっては、まさに死者との関係を再考し再構築すべき時代になっているといえる。なぜなら、死別した人とのつながりを持ち続けることによって自分のアイデンティティを維持し、人生に一貫性をもたらすことが可能であると考えられるからである。

第二項　研究目的

本論では、日本の高齢者が、亡くなった大切な人とのつながりをいかに意識し、この死者に対していかなる行動をみせているかについて分析し、生者と死者を結ぶネットワークの構造やその具体的な様相を明らかにすることを目的とした。もっとも、本論で論述したいことは、日本文化が大切な人や大切な家族であった死者との関係を維持できるツールを古くから備えているということである。さらに、このツールは今もなお有効であるということである。

亡くなった大切な人との関係性すなわち近親追慕を規範的に否定してきたチェコの現代社会の視座に立ちつつ、死者と生者とのつながりが今もなお残っていると推測できる日本の村落社会に着目している。だが、固定化し制度化さえした先祖崇拝というより、本論で明確にしたいのは、対象者の日常生活における死者とのつながりである。対象者の個人史や語りの中でリアリティとして現れてくる死者とのつながりを明らかにしたい。

したがって、本研究で目線を注いでいる「わたしたち」の世界と「かれら」の世界、つまり「生者の世界」と「死者の世界」を結ぶ関係性は強い個別的ニュアンスをもつことになる。そのため、本稿でいう死者のいる世界とは、「他界」というより「異界」である(2)。小松（2003）が定義している「異界」とは、「人間世界のむこう側にある世界である」。時間的な流れの中に位置し、人生の延長線上にある死後の世界のみではなく、常にわたしたちとの関係性をもち、常に私たちのいる世界のむこうに位置するということである。よって、個々人の身近な生活空間を成している人間の世界（生者の世界）と異界（死者の世界）といった構造(3)が可能になり、この異界に死者のいる場所を求めたいと考えている。故に、異界とのネットワークの構造およびその類型を明確にすることは、本研究の到達すべき目標である。

第三項　この本の構成について

本論は四章から形成されている。序章では拙論の課題などについて整理してきたが、次章すなわち第一章では、この研究を貫く概念としての「つながり」について詳しく論じることにする。この研究における「つながり」を先ず定義し、その構造（ネットワーク）および機能について整理する。一旦死者の問題を離れることになるが、拙論の出発点となった社会的ネットワークに関する研究を紹介し、理論的背景を述べることは、本論において必要不可欠かつ根本的なところである。これらを踏まえて、次なる段階への橋渡し役を果たす死者とのつながりの必要性、生者の世界と死者の世界を結ぶ構造について詳しく説明する。

そうしたうえで、生者と死者との接点について先行研究の分析を行う。繰り返して強調するが、日本的死生観という大きな括りの中で生者と死者との関係性に絞り、両者の接点に注目していきたい。また、すでに触れているように、筆者の立ち位置が日本を外からみるところにあるため、村落社会の枠組みを超え先行研究をあまねく紹介し整理しておく。そうすることによって、日本文化という枠組みの中で生者と死者との関係性を的確に位置付けることが可能になる。

第一章で本論全体の土台を整えた後、第二章では日本の村落社会における生者と死者のつながり、すなわちこの本の核を成している本題に移る。フィールドワークで得られたデータの分析結果について述べつつ、その解釈を加える。なお、論じる際には、観察可能なものと観察不可能なものに分け、それぞれの現象について分析結果と考察の順で述べることにする。言い換えると、客観的な立場から観察することができ、行動などとして現れてくる異界との交流に加えて、対象者に内在する異界、すなわち意識としての異界にいる死者との交流、その意識についても述べるということになる。まとめとして生者と死者との関係の構造化を試み、その結果を紹介する。

最後に、終章では、本研究の成果を踏まえてその意義と限界性を示しておく。さらに、全体を振り返りながら若干の考察を付け加え、死者と生者、そのつながりの生き方との関連を一つの結論として見出していくことにする。その一環として、いわゆる日本的死者観を西洋文化と照らし合わせ、比較する。キリスト教を基盤にする文明と比較するまでもなく、日本国内でも別の地域との比較検討を行った場合、おそらく随分異なる結果が得られるだろう。だが、本論に盛り込んだ東西比較では、何らかの違いや差、ましてや有意差を求めるわけではない。異なる文化的背景を有するがゆえに違いがあって当然である。この相違点を示し、一つの成果として報告するのは、まさしく無意味である。だが、文化比較を行うことによって、日本における死者とのつながりの特徴がより明瞭な形でみえてくると考え、比較検討に臨んだ。

第四項　本研究の基本的姿勢と限界性

死者とのつながりともなると、対象者がもつ死生観または異界観にも関連する話になるであろう。近年、独立した学問的領域として死生学が発足し[4]、今まさに注目を浴びている一学問として定着しつつあるが、本論はタイムリーな課題として日本人の死生観そのものの変遷をめぐる論文にするつもりではない。死生観という大きな括りの中で、ごく限られた生者と死者との関係性に視点を定めたい。

同様に、本論は対象者のもつ異界観、具体的に記すと極楽浄土や天国の存在、または極楽往生や輪廻転生などの概念変化を追究し、現代人に内在する死後の世界の有様やイメージについて吟味する研究でもない。むろん、死者との関係性について吟味するうえで、他界観は、死後の世界、死者のいるところとして決して無視できない要素である。

また、教育大学に所属した者として、高齢者のみならず子どもの世代にも触れる必要性はある。初期の計画では研究全体のテーマに沿った教育実践も考えていたが、死者との関係にピントを合わせた研究全体の構成が崩れてしまうため、変更せざるを得なかった。しかし、教育実践を退けたことによって教育領域とは全く無関係の研究となったわけではない。次世代の生き方を念頭に置きながらフィールドに入り込み、地域在住の子どもたちも観察の対象とした。それに加えて、質的研究に量的手法を一つ取り入れ、対象地域の各世代における死者に対する意識調査を行った。その結果は次世代の生き方に関する考察の重要な素材となり、教育、とりわけ得丸の提唱したいのち教育（得丸 2008）への提言を可能にする一つの成果である。さらに、日本的死生観を反映しており、世代間交流の場でもある同地域に根差した伝統行事を対象に、子どもの意識と行動について解析を行った。伝統行事について吟味したこの取り組みは、構成上の理由で本論に掲載しないが、学会発表を経て、投稿論文として公開している(5)。

分析結果をすべて示し、最後に、分類した生者と死者との関係の有様によってどのような効果があるのかについて吟味すれば、本論の魅力が増すのではないかと思われる。死者との〝よい〟つながりをもっていれば幸せになるとか、生きがいがある、という類の短絡的な見解はすでに世間に溢れ、出回っているのではないだろうか。確かに、本論を展開するにあたって、近年、ストレス状況や健康状態との関連が実証され、様々な文化的背景に適切な概念として広く用いられている首尾一貫感覚の尺度、いわゆるＳＯＣ尺度(6)（Antonovsky 1987）を使用し、死者とのつながりの「有効性」やその「効率」について検討する誘惑もなくはない。

しかし、仮に相関が認められたとしても、客観性という看板を掲げ、ある人がもつ生者と死者との関わり方を拒否し別の関わり方を高く評価してもよいのか、という倫理的問題が生じてくる。その人その人の人生や価値観などを抜きに、一般化や単純な比較を果たして行ってよいのだろうか。筆者はこのような評価を避けたいと考えている。対象者すなわちフィールドで出会った人々一人ひとりの生き方を尊重しながら、その生き方の中に死者との関係がどのような位置を占め、どのようにとらえているかについてだけ注目したい。対象者の口述や彼らのみいだした解釈を受け容れ、飯倉（2008）のいう「現地の声」を尊重したい。この材料をもとに、彼らがもつ死者とのつながりをより具体的な形で見いだし、質的側面に重点を置きながら彼らの生き方についての考察にしたいと考えている。

筆者は、医療と介護現場とに関わった経験もあり、利用者や患者の立場に立って考えると、どうしてもよい側面のみを求め、改善へと結び付けようとする傾向にある。しかし、そうした場合、研究者としての目線が偏り、フィールドに入ると、一種の先入観を負わざるを得ないということになるだろう。本論では、このような見方をなるべく回避して、生者と死者とのつながりをありのままに対象者のリアリティとして扱っていきたいと考えている。

最後に、村落社会とりわけ村落在住の高齢者のみに注目することは、同時に本研究の限界ともなる。本研究による結果の一般化が難しく、特定の地域における死者論に過ぎないと指摘されかねない。しかし、特定の地域の中から死者とのつながりを抽出し、その有様、またはその背景にある諸要因を明確にすることは、現代社会全体の中で死者について再考する際に有意義な素材になる、と確信している。

第二節　研究対象

この本では生者と死者との関係性について論じていくが、日本の村落社会とそこに住む高齢者に着眼する。日本文化コンテキストと言いながらも、その一部のみに注目することになる。合目的サンプリング(7)（Patton 1990：Silverman 2005）を採択し、対象現象が存在しておりその解明を可能とした対象地域および対象者に焦点を当てるということである（能智 2004：Silverman 2005）。つまり、村落社会に着目したのは、生者と死者との関係構造の明確化を求め、その問いに対する答えが村落社会の中に潜んでおり、死者とのつながりの特徴的かつ典型的な形をそこから見いだせると考えているからである。要するに、生者と死者とのつながりといった現象を特定の文化的文脈の中に位置づけ、その対象現象に内在している諸要因についてフィールドワークを用いて記述的に解明していく方法を選んだということになる。

都市部と比べ、日本の村落社会には死者を中心とした祭祀が未だに残っており、先祖を明確に位置付け、人間関係構造に影響を与えるイエの意識も若干存続している（郷堀ほか 2009）。また、都市部に多い核家族に対して、郡部では拡大家族の割合は依然として高い（袖井 2004：落合 2000）。したがって、死者（先祖）との何らかの関係性を持ち得る条件がすべて村落社会に揃っているといえる（桜井 1977）。要するに、死者に特定の役割を託した家族（イエ）という枠組みが存在しており、宗教的基盤（死者供養、先祖崇拝）も整っており、そして個人というレベルだけでなく、集団として死者（先祖）に対する何らかの規制を受けている対象地域は、村落社会にこそあると考えられる。

むろん、系譜的先祖観から双系的先祖観への変容がみられ、家長のみならず家族の成員のすべてが先祖とみなされるようになってきた（Smith 1983：藤井 1988）。さらに、直系構造の中に成り立つ相続的レベルよりは、情緒的かつ感情的レベルへと重点が置かれるようになり、守護神として崇拝対象となる「遠い先祖」より、私的感情を帯びている「近い先祖」への変容がみられ（藤井 1988：111）、桜井（1977）の考えた死者や先祖とは異なる形となった。ただし、中身が変わっても村落社会における先祖に対する感覚・感情は、枠組や構造として、依然として有効な概念であり、適切な対象だと考えられる。

しかし反面、本研究の目的に沿った対象とはいえ、対象を村落社会に絞ることは同時に本研究の限界を指している。つまり、一部の地域における死者と生者との関係性には、その他の地域に通用しない要素が必然的に含まれている。本研究の成果を踏まえどこまで一般化できるのかは確かに課題ではある。だが、本論において死者との関係性の形ないしは祭祀の形態だけではなく、もっとも注目していることは、そこに内在している要素である。つまり、ネットワークとして構造化された生者と死者とのつながりについて解明を試みており、その根底には諸地域と諸文化に共通するものが潜んでいると考えている。故に、フィールドワークを通じて明確な形としてみえてきた死者とのつながりをそのまま一般化し、たとえば、悲嘆ケアや終末医療などの領域でそのまま用いるのではなく、一つのヒントとして、一見解として有意義に活かすことは可能であると考えられる。前節で述べたように、死者との関係性を再考し、再構築しなければならない時代にきているとするならば、本研究の意義がより一層高まるといえる。

第一項　対象地域について

この研究のフィールドワークの場として、新潟県糸魚川市旧能生《のう》町の地域を選んだ。その理由は、上述した村落社会がここにあり、本研究に相応しい対象と考えたからである。また、一般化を難航させる特殊な先祖祭祀等がなく、浄土真宗の根付いた地域であることも一つの理由として挙げられる。日本の仏教宗派の中で信仰者の最も多い浄土真宗の教えは、日本人の多くがもつ価値観や死生観と一致するものを有していると推測できる。そうでなければ、広く受け入れられた宗派にはならなかったはずである。むろん、これだけを理由に代表的なサンプルを対象としたと読者を説得するつもりは微塵もない。ただし日本や日本文化における死者とのつながりというモザイクを完成させるために、対象地域は欠かせない一片をもつ、と訴えたいだけである。

さらに、山に囲まれ閉鎖的な対象地域は、日本海に面している集落から山奥の集落までと細長い谷筋を成している。この地形によって地域としてまとまっており、左記に述べる地域のシステムの典型的な形である。一つの小さな地域の中で農村と漁村と山村を同時にみることができ、さらに、ケア付き住宅や福祉施設もこの地域にある。対象者であ

図１　連なる山々に囲まれ、日本海から山間部へと広がる能生地域

る高齢者を取り巻く村落社会を一集落としてではなく、福祉ないしは医療機関も含む一つの地域として捉えることが可能である。このように村落社会を位置付けるのは、対象高齢者の生活環境全般を考えるうえで適切である。以上、本地域を選んだ理由についてである。

旧能生町は西頸城《にしくびき》地域の一部であり、南北に長い新潟県の南西部に位置する（図２参照）。面積は一五〇・四九㎢で、人口は約一万人である。日本海に面している小泊《こどまり》集落には、漁港や海洋高校があり、漁業が盛んである。他にも、筒石《つついし》、浜徳合《はまとくあい》、藤崎《とうざき》、木浦《このうら》の漁村があり、白山神社《はくさんじんじゃ》と能生海水浴場を中心とする能生の商店街が町並を成している。また、能生谷に位置する集落は、稲作を中心とする農業が主な事業となっており民俗学でいう農村となる。最後に、中野口《なかのくち》、東飛山《ひがしひやま》、川詰《かわづめ》などの山村集落も、旧能生町に属している。通常、とくに民俗学の領域において一つの集落、一

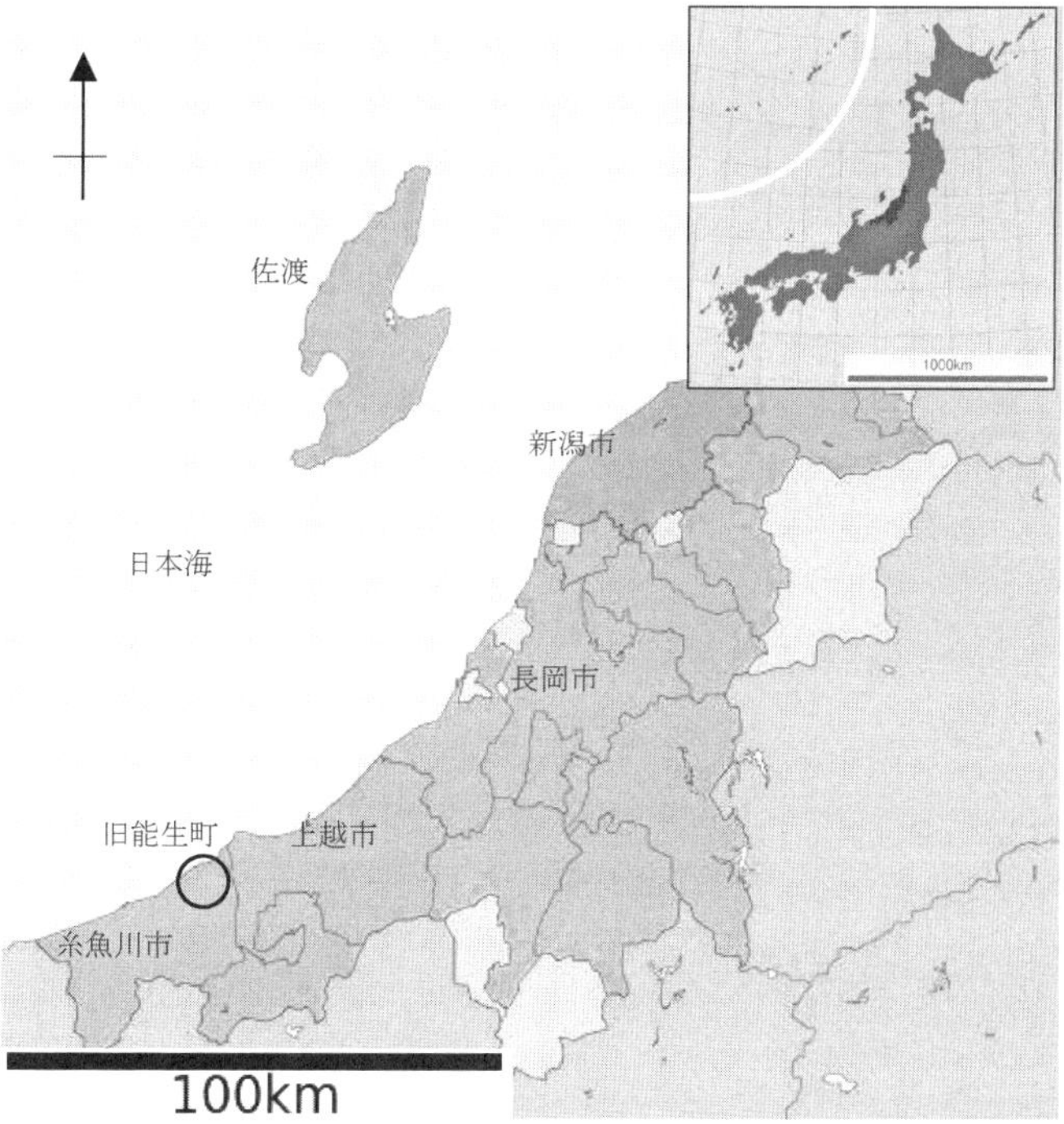

図２　新潟県

つの祭祀、つまり小単位となる対象に焦点を当てることが一般的な手法である。だが、真野（2006）が主張しているように、「町、農村（里）、漁村（海）、山村（山）を一連の複合的地域としてとらえ、そのなかで展開する日常生活の相互関係の様相とその歴史的変化を民俗学的観点から明らかにしよう」とするアプローチが必要であり、さらに「生活とは常にある一定の広がりと複雑さ（複合性、重層性）を地域のシステムを前提にはじめて成立するものである」（真野 2006：1）。旧能生町は、二〇〇五年に糸魚川市と合併したあとも、真野のいう地域のシステムとして成り立っており、上記の条件をクリアしていることから、本研究の対象として適切であると判断した。生活の環境は各集落の中で完結されることなく、店舗、学校、診療所、寺院、火葬場などは、複数の集落が共有する形となっており、旧能生町という地域のシステムとしてまとまっている。これは、決して近代的な現象ではなく、白山神社大祭で古くからみられる小泊と能生の住民の協力体制や、各集落を結ぶ海産物と農産物の物流も古くから行われてきた（能生町史編さん委員会（以下、能生町史）1986）。

　このように地域としての一定の独立性が保たれている他、とくに祖先をめぐって必須条件として挙げられる家族構成に関しては、一世帯当たりの人員が依然として三人を超えており（新潟県 2005：2010）、単独世帯の増加をみせている東京都（東京都 2005）などの都市部を著しく上回っている。故に、先祖崇拝の要素を今日まで残していると考えられる拡大家族の割合が比較的高いと推測できる。また、白山神社大祭（真野 2001）や槇《まき》と百川《ももかわ》の集落における小正月行事（郷堀 2011）のように、地域社会として担う伝統行事が今日もなお受けつがれており、個人のレベルを超え、家族単位かつ集落間の協力・交流がなされている。故に、死者や先祖に対して、個人のみならず一家族ないしは地域社会を単位とする振る舞いや祭祀が未だに有効な概念であるならば、対象地域のようなところにこそあると考えられる。

　北陸地域全体に関していえることは、浄土真宗の大きな影響である。能生地域もまた例外ではない。能生地域内に位置する三〇の寺院の内、真宗大谷派が最も多く、一三寺となっている。真宗本願寺派の三寺と合わせると、過半数を占めるということである。他には、曹洞宗（一一寺）と真言宗（三寺）もあるが、浄土真宗の信者、いわゆる門徒は最も高い割合を占めている（能生町史 1986：下・342）。親鸞聖人が都から配流された後、七年間暮らしていた場所が対象地域の近くにある五智国府である（現在、新潟県上越市）ということもあり、真宗の教えが北陸地域の農民に浸透していることも周知である。浄土真宗に続いて禅宗の寺院が比較的多く存在することの背景には、上杉家、とくに上杉謙信が奨励したことがある。武士はもちろんのこと、農民にも適している教えとして、上杉家が上越後を治めた頃にとりわけ曹洞宗は拡大した（能生町史 1986：下・342）。

葬法に関しては、日本では土葬が基本とされてきたが、真宗の影響もあって、一九五〇年代には他の地域と比べ、北陸地方のみにおいて火葬の割合がすでに約九割を占めており、全国の平均を著しく上回っている（福田 2004：18）。確かに、現在の都市部において火葬は急増しているが、真宗王国ともいわれるこの地域では以前から火葬を原則としている。むろん、対象の能生地域でも土葬が行われてきたが、一九七八年に町営火葬場が設立されて以来、真宗以外の信者も火葬を行うようになった（能生町史 1986：下・330）。

浄土真宗の強い影響にともない、葬送儀礼や死者供養のみならず、特有の文化背景や生活風土が生じているわけである。死後、阿弥陀如来に救われて極楽浄土へと往生する教えを中心とした浄土真宗の門信徒いわゆる門徒は、他の宗派と比べ、盆行事などの祭祀を盛大に行わない。筆者も、「門徒もの知らず」という言葉をフィールドで何度も耳にしたことがある。たとえば重要な年中行事である盆の際に精霊棚などを設けず、迎え火や送り火などの習俗を行わない門徒が、「門徒もの知らず」と言われるようになったのであろう。しかし、「真宗はけっして『もの知らず』なのではない。宗教習俗の多くがこの宗教の枠のなかで構成されているため、さまざまな儀礼が入ってくる余地をもっていないだけのことなのである。むしろ真宗を特徴づけるのは、寺と門信徒のあいだの密接な関係である。彼らが寺の集会に足を運ぶ機会はおそらく他の宗派よりもずっと多いし、反対に僧侶が門信徒の家をおとずれ、仏壇の前にすわる機会についても同様であろう。他の地方では、在家に念仏講だとか庚申講などの宗教的講が発達していてもそれは寺とは無関係であり、そこに寺の僧侶がやってくることはほとんどない。いっぽう真宗の「御講」と称する宗教集会には寺で行なわれるものと在家のものとがあり、どちらにしてもかならず寺との関わりのなかではじまったものである」と指摘されている（真野 2006：7）。

さらに、真野によると、真宗は様々な民俗宗教と共存しており、真宗の地域では様々な素朴な信仰や祭祀が今もなお親しまれ、執り行われている。また、真宗は、法話などを通じて宗派の教理を日常的な表現で説く特質をもつ。他の宗派と比較すると、日常生活に強く根付いており、生活文化に潜んでいることがうかがえる。真野は、「死後のゆくえに関する安心と、仏への信仰、そして身の回りの人びとに対する感謝を、ふつうのことばで説きつづけようとする真宗」を、この地域社会の精神的特質に影響を及ぼしている要因として考えている（真野 2006：7）。

もう一つ、対象地域における人間関係の有様から精神世界にまで少なからず影響を与え続けたのは、雪である。豪雪地帯として知られている能生地域では、膨大な積雪に対して地域として取り組み、協力し支え合いながら除雪作業などを行う習慣が今もなお息づいている。その象徴的なものとして挙げられるのは、雁木《がんぎ》である。各家の土地を無料で提供し、歩道を覆うような形で屋根を付けた雁木を作ることによって、雨に濡れず、雪に降られることなく通れるのである。また、目前に聳える白雪の壁は、人間を超越した大自然の力を現代人にもみせつけ、人間世界ですべては完結されるというわゆる現代的かつ現世中心主義的な考え方がここでは通用しない、と生活体験を通して確認できる。したがって、これは大自然であれ神仏であれ、人間世界を超えた「何か」を意識する、いや意識させられる地域であるということになる。むろん、雪を勝手に降らせたり、逆に、たとえば病気を治したりするような神々のリアリティは、すでにかなり薄れてきているが、越後の冬空から雪が降り出したならば、いくら科学技術の発達した二一世紀とはいえ、半日あるいは一日中雪に埋まった状態で動けないときもある。地形や天候など、つまり風土は、対象地域の人々に決して見落としてはならない影響を与え続けてきた。

第二項　対象者について

本研究の核心を成すフィールドワークを実施しながら、対象地域に住む老若男女の人々と接する機会があった。彼らのもつ死者との関わりを、日常の場面あるいは非日常の場面で、様々な角度から観察してきた。ただし、もっとも重点を置きたいのは、大正生まれ世代である。若年層とは違って、配偶者との死別、自分自身も死に直面するといった経験は、高齢者の世代にこそあるといってもよいであろう。さらに、彼らは死者供養をはじめ、死者を中心とする祭祀や習俗の中で育ち、教育を受けてきた。彼らは、都市文明の発展ないし都市化や核家族化と共に失われつつある死者とのつながりを、今日に至ってもなお意識し、死者に対して振る舞うと考えられる。大正生まれ世代に着目したもう一つの理由は、彼らが生きてきた人生・時代にある。柳田（1946）が『先祖の話』を刊行したときに、本調査の対象者はすでに大人として、価値観や世界観のある程度定着した成人として、戦後という時代を迎えようとしていた。彼らが受けてきた教育、躾ないし彼らの家族背景は、柳田による考察の題材となったものだったのではないだろうか。だが、誤解ないように述べるが、今現在、対象者のもつ死者との関係性が、柳田のいう先祖観や霊魂観をそのまま保っていると夢をみてフィールドに入ったわけではない。社会や家族の有様が変容している中で、様々な影響を受けながら、彼らはライフスタイルや生き方の変容を余儀なくさせられたことがうかがえる。さらに、超高齢社会といった現象の一要因である長寿も考えなければならない。つまり彼らは、自分たちの一つ上の世代より随分と長い人生を歩み、長いライフスパンをたどったことによって、親や祖父母としての役割も長い時間にわたって果たし、自分たちの親とは異なる生活経験などをしてきたはずである。

ただし、このような大正生まれ世代は、死生観にせよ価値観にせよ、生き方や本研究でもっとも注目している死者

表1　インタビュー調査対象者の年齢・性別および調査当時の居住形態（n＝25）

	自宅		ケア付き住宅		介護施設	
	女	男	女	男	女	男
人数（人）	5	2	9	4	4	1
計（人）	7		13		5	
平均年齢（歳）	87.2	84	86.7	90	92.8	89
最年少（歳）	83	84	83	86	83	89
最年長（歳）	91	84	96	91	96	89
平均年齢（歳）	88.2					

との関わりに影響を及ぼすと考えられる諸要素の多くを受け継いでいる、と考えられる。その理由の一つは、教育である。田宮（2007）が述べているように、戦前の教育を受けた本研究の対象者の多くは、「戦後に戦前の全体教育は否定されたが、その否定された代表的なものとして「教育勅語」などによって家族や人間関係、責任などについて共通な指針を持っていた世代である」（田宮 2007：103）。だが、その一つ下の世代については、「全体教育の極まった中で受けた価値観を始めとしたそれまでに身に付けた全てを、敗戦と同時に一夜にして失い、進駐軍の圧倒的物量を前に呆然とした世代であったのではなかろうか」と考察されている（田宮 2007：103）。一方、日本の家族が遂げた変容に目を向けると、イエ制度を退け核家族化などに代表される近代家族への移行期の担い手となったのは、昭和一桁から戦後の団塊世代までの世代である、と指摘されている（落合 2000）。家族の観点から論じる落合は、田宮と一致した見解を示している。以上のことから、本研究の対象となった大正生まれ世代の人々には戦前の価値観や世界観が今も内在している、と推測できる。さらに、人間関係や家族関係については、イエ制度に基づいた考え方や戦前の価値観が彼らの中で根付いている、と明らかにされてきている（郷堀ほか 2009）。だが、ここでは、戦前の価値観や生き方を評価し、現代と比較する予定はない。ましてや優劣をつけることは意味を成さないと考えている。善し悪しとは関係なく、合目的サンプリングを採択した本研究にとって、もっとも適した対象を選択したに過ぎない。

さて、ここでは、対象者の歩んできた人生を紹介しよう。他の地域から嫁として嫁いできた一名を除けば、対象者は全員能生地域に生まれ育った。戦前教育を受け、第二次世界大戦を例外なく経験している。男性のほとんどは戦場に赴き、シベリアに抑留された者もいる。一方、女性の多くは陸軍や海軍に所属する夫と共に軍の基地等を回ったり、空襲にあったりなど、直接戦争を体験している。戦後は、食糧不足などを乗り越え、農業あるいは漁業を中心に生計を立てていた。当時はまだ農機や農薬が普及しておらず、苦労しながら稲作を行っていたという。そのうえ、米作農家でありながらも戦後の悲惨な状況を背景に、自分の手で生産した米を食べることができず、麦飯が当時の主食だったという。副業として炭焼きや菅傘作りを行い、男性のほとんどは、冬季、名古屋や関東などへ出稼ぎにいき、主に建設業で働いていた。四月に行われる白山神社大祭に合わせて都市部から帰り、田植えから稲刈りまでの一連の作業を終えた後、また出稼ぎ先へと向かう流れとなっていた。農政改革や農薬普及などによって米作が安定した後も、稲作の傍ら建設会社に勤め、土木作業などを行っていた男性は数多くいる。農業組合の事務員として働いていた時期があるという対象者もいたものの、農業（林業）や漁業を職業としてきた対象者がほとんどである。現在は配偶者と死別している対象者が多く、ケア付き住宅ないし介護施設へと生活拠点を移した者が過半数を占めている。上記のことからも明らかであるように、本調査で着目しているのは主に農業と密接に関わる対象地域の高齢者、能生地域の言葉でいう百姓である。

インタビュー調査の対象者がもつ家族背景に関しては、自宅で暮らす人のほとんどが家族と同居ないし近居している。ケア付き住宅在住の対象者の場合、家族や地域との付き合いを維持している者も大勢いたが、『遠野物語』に出てくるような、村を少し離れたところで高齢者のみが共同生活するような形がみられる。つまり、ケア付き住宅内で高齢者同士のコミュニティが形成さ

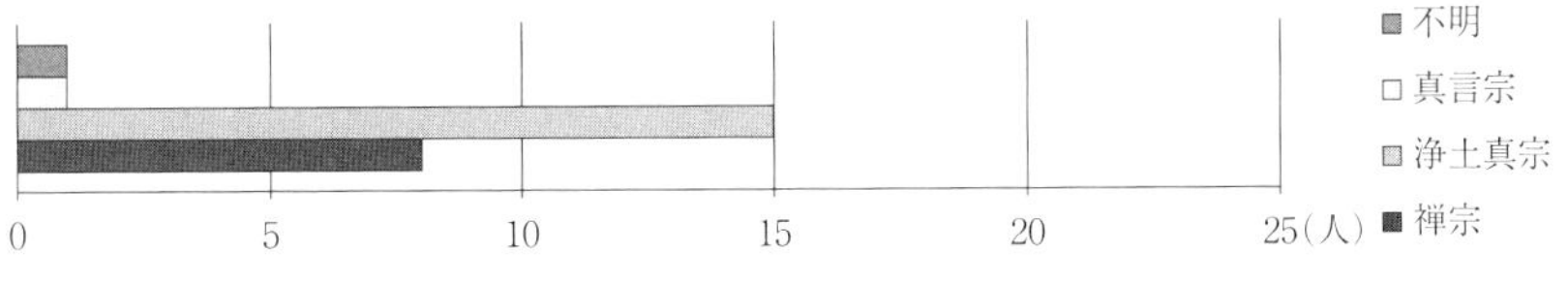

図３　インタビュー調査対象者の宗教的背景（宗派）（n=25）

れ、家族や以前住んでいた地域との関係性は希薄化してきているということである。介護施設の利用者についてはなおさらそういえるが、郷堀ら（2009）が示しているように、物理的な距離が生じても家族を大切に思い、とくに子どもに対して強い依存的関係をみせるのは日本の高齢者の特徴である。本調査の対象者もまた、例外ではない。ただし、住み慣れた場所とは異なる環境に現在置かれている事実を決して忘れてはならない。

次節で調査方法について詳しく述べるが、対象者の人生をともに振り返りながら、人間関係や死者との関係についてインタビューを行った。上述した理由によって対象者を抽出した。むろん、無作為抽出ではないが、四つの条件を設けインタビューの回答者（インフォーマント）を選んだ。第一に、大正生まれ世代であること。第二に、対象地域出身であり対象地域で生涯の大部分を過ごしたこと(8)。第三に、調査当時、対象地域に在住であること。第四に、配偶者あるいは子どもなどと死別した経験があること。情報収集、または観察を行う際に調査への協力を依頼し、同意を得た対象地域在住の高齢者二五名を対象にした。なお、対象者の属性を表1及び図3と図4に示す(9)。

対象者を、自宅で暮らす者、ケア付き住宅に住む者、そして介護施設の利用者の三つのグループに分類できる。現在の居住形態が異なるこの三グループを比較するつもりはないが、様々な環境や状況に置かれている者を対象にすることが適切であると考えている。また、前述した理由で大正生まれ世代

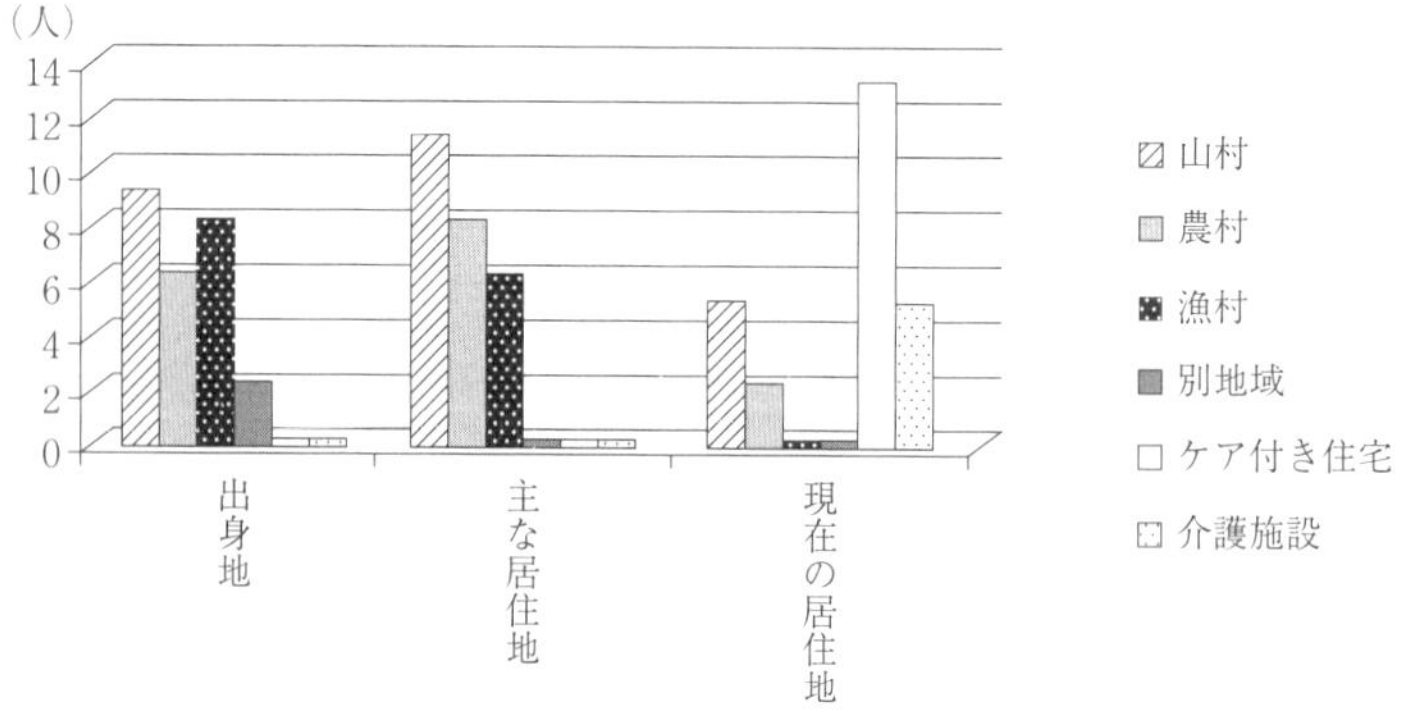

図4　インタビュー調査対象者の居住地移行　(n=25)

に焦点を当てたことによって、高齢などのため、介護を要する人が多く、こうした三つのグループが標本となったことは当然の結果ともいえる。

五名の対象者が利用している介護施設は、大沢《おおさわ》集落にある。大沢は海からさほど離れていない山の裾野に位置する集落である。社会福祉施設であるため、調査に際しては利用者の他に施設側の許可も得、倫理的な配慮を行った。また、インタビュー調査対象者の約半数が在住するケア付き住宅は同集落にあるが、在住者の多くは同時にこれまで居住していた家も所有しており、以前住んでいた集落に行き来したり、家に通ったりする場合もある。

なお、インタビューのすべては、新たな生活拠点となったケア付き住宅で行った。最後に、自宅在住の場合、対象者が檀家として所属する寺院で実施した一つのインタビュー以外は、原則としてインタビューは自宅で行った。インタビュー[10]および観察を行った集落は、海岸から山間部まで、対象地域全体をカバーできたといえる。

宗教的背景として、浄土真宗の信仰者が最も多く、対象者の過半数を占めている（図3を参照）。また、仏壇の所有率は、自宅の場合一〇〇％に達しているのに対し、仏壇を所有している介護施設の利用者は一人もいなかった。ケア付き住宅の場合も同様に、すべての対象者が仏壇を持たない。しかし、施設利用者とは異なり、位牌や遺影などを部屋に安置したりして（一三人中四名）、元の住宅へと定期的[11]に通い仏壇にお参《まい》りをしている（一三人中七名）。

また、家族背景に関しては、すべての対象者が婚姻歴をもつが、一七名の対象者はすでに配偶者と死別している。自宅で暮らす対象者全員は家族と同居ないし近居しているのに対し、施設利用者の場合は、家族と別れて家族や親せきとの交流が少ないということになる。ケア付き住宅の対象者も基本的に家族と別居して一人暮らしを送っているが、家族や以前住んでいた地域の住民との交流がみられる。

表1では調査当時の居住形態しか示していないが、インタビュー対象者の一生を振り返ってみると、対象地域でみられるかなりの流動性が浮き彫りになる（図4参照）。むろん、山と海と里といった異なる生活空間によって死生観お

表2　アンケート調査対象者の人数と年齢と性別（n＝135）

		子ども		親		祖父母	
度数と性別	人数（人）	52		58		25	
		男	女	男	女	男	女
	人数（人）	26	26	24	34	9	16
年齢	平均年齢（歳）	12.6		43.7		70.1	
	最年少（歳）	9		36		60	
	最年長（歳）	18		59		84	
	標準偏差	1.768		5.731		6.390	

よび他界観が違ってくると推測できる。だが、生まれたところから生涯における主な居住地（居住期間が最も長い）を経て、調査当時の居場所まで追跡してみると、同じ地域に居ながらも生活拠点を何度も変えていく対象者の姿が明らかになる。このことから、一つだけの集落ではなく、地域のモデルを用い地域全体に注目した判断は適切であったといえる。

以上、インタビュー対象者の属性である。なお、対象者一人ひとりの詳細については、本書の付録に載せた対象者属性詳細（一五四頁）を参照していただきたい。

対象地域で実施した観察については、子どもから高齢者まで、対象地域に住む各世代を対象にフィールドワークを行った。日常場面と同時に、盆行事、葬儀や死者供養における習俗や対象者の行動およびコミュニケーションに注目した。

最後に、各世代のもつ死者（先祖）に対する意識がどのようになっており、どのような共通点や相違点を示すのかについてアンケート調査を行った際に、対象地域の教育機関（小中学校）の協力を得て、アンケート用紙を児童生徒全員に配布した。なお、対象学年は小学校六年生、中学校一年生である。児童生徒自身の他、児童生徒のきょうだい、児童生徒の親、そして生徒の祖父母、合わせて三世代を対象とした。その結果、計一三五名から回答が得られた。その内訳は、上記の表2でまとめている。

表2で明らかなように、祖父母世代の人数が少なく男女割合が偏っているため、結果を解釈する際に注意が必要である。また、拡大家族が高い割合を占め（八四・

四％）、上述した対象における地域三世代同居の多発がここでも確認された。さらに、仏壇の所有率は合わせて九〇％を超え、前項で論じた対象地域の宗教的基盤を代表する標本が得られたといえる。

最後に、子どもの対象年齢に触れておく。発達心理学領域で明らかになっているように、本調査の対象年齢の子どもは、宗教的ないしは信仰的内容への理解と認知が高まり、それを表現できる能力も充分にある（Piaget 1958 : Elkind 1964, 1970 : Bridges 2002）。また、死者や死の捉え方に関しても、九～一〇歳を境に成人とほぼ同じ概念が形成される、と報告されている（Nagy 1948 : Speece 1984）。それゆえ、本調査だけでなく、得丸（2008）の提唱するいのち教育の新たな実践においても適切な対象年齢と判断でき、教育実践として本論の発展を模索する際に有意義であると考えられる。

第三節　この研究の方法について

この節では、具体的な研究法をはじめ、調査期間や分析手法について紹介する。面白みに欠ける文章ではあるが、対象地域で何を行ったか、何を根拠に生者と死者とのつながりについて述べているか、読者と筆者の間で共通理解を図るため、どうしても必要な一節である。

第一項　方法論

この本の基となった研究の方法を紹介するにあたって、再び筆者の立ち位置に触れたいと思う。日本人の高齢者の諸関係から紡ぎだされるネットワークを外国人の目線でみているがゆえに、日本人には気付かないところを発見できると同時に、日本における一つの学問領域に納まらない研究となる。したがって、本論の長所はこの研究の限界性を示し短所と繋がっている。基本的には、日本的死生観を土台に高齢者の有する生者と死者を結ぶ異界とのネットワークに着目しているため、ネットワーク論の分析枠組みが本研究の方法基盤を規定している。その中で、社会学、民俗学、歴史学などとあらゆる分野の知見を活かしたいと考えている。なぜならば、対象者の文化的・歴史的背景もさることながら、対象者の日常にこそ死者との関係が形となってあらわれると考えているからである。換言すれば、日常生活の中で形成される思考や行動にこそ生者と死者との関係性が内在している、と筆者は考えているからである。

社会的ネットワークを生み出した社会学には、フィールドワークと参与観察を活かしたエスノグラフィーという概念があるものの（Becker 1961：Silverman 2005：49：Hendl 2008：115）、この研究では文化的コンテキストを重視しながら、文化人類学、日本民俗学の方法も適用している（福田 1998：小松 2002）。民俗学的調査、つまりフィールドワークを「知る」ことを目的とした「旅」として考えている小松（1998：200）のように、筆者も対象地域に何度も足を運ぶだけでなく、その地域の人々と共に日常と非日常を共有し、彼らのリアリティとしての死者との関係性を観察してきた。盆行事のような先祖や死者を祀る祭祀のみならず、農作業を通して日常生活を共にすることにより、その日常における死者との関係を追い求めてきた。

まとめると、本書の対象現象を把握しその構造や背景について考慮する基礎となるのは、第一章で紹介していくネットワーク論（構造）と日本文化における生者と死者との関係性である。これらの理論をもとに、生者（対象者）が死者とどのような関係性をもち、対象者が死者についていかに振る舞うのか、いかなる思いを抱いているのかについて、質的研究として観察およびインタビュー調査を行った。また、補助調査として、量的な立場から死者をめぐる意識や行動に関するアンケート調査も実施した。なお、具体的な方法については本節で述べる。

第二項　調査期間

調査期間に関しては、フィールドワークは二〇〇八年六月頃から、早い段階で開始し、観察は二〇〇八年一〇月から本格的に開始した。日常生活の観察については、二年間の研究期間を通して複数のセッションに分け、頻繁に行ってきた。行事などの非日常場面を対象とした観察に関しては、祭祀の開催時期にあわせて行った。盆や彼岸は二〇〇九年に行い、二〇一〇年に補助的観察も実施した。

また、本題から若干離れるが、地域全体の有様や地域伝統を把握するために、小正月行事（二〇〇九年、二〇一〇年一月）、白山神社大祭（二〇〇九年四月）などの観察も行った。

最後に、インタビュー調査は二〇〇九年六月〜一二月、六か月にわたって行い、アンケート調査は二〇〇九年一〇月と二〇一〇年二月と二つの段階にわけて実施した。

第三項　フィールドワーク（観察）

フィールドに入り込み、観察の一環として、フィールドノートを用いて観察者の記録を行った。しかし、とくに日常の場面に関しては、観察者が介入することによって、対象者にとっての「日常」が破壊されかねないということがいえる。つまり、観察したものはもはやリアリティではなく、観察者の目の前にあらわれた一種のパフォーマンスであるという可能性を否定できないということになる。これは民俗学や人類学が宿命として抱えている課題であるが（Eriksen 1995）、逆に、外国人の立場から日本人同士で話題にしない事柄に関しても聞くことができ、普段話せないことや一度も話したことのない事柄を聞かせてもらったケースも少なくなかった。

上記の問題を最低限に抑えるために、筆者は、対象地域の人々と共に農作業を行ったほか、調査期間を通して様々な時期に合わせて対象地域に短期滞在したことも何度もある。このようにして、彼らの「日常」を外から観察するのではなく、その「日常」を彼らと共に多少なりとも共有できたと考えられる。重労働の合間に、お茶を啜りながら彼らの会話に耳を傾けることで、彼らの「生きるリアリティ」に若干近づけたと考える。畦や縁側に座り込み、地域の人々同士のやり取り、その「生（なま）の生活」を観察してきた。さらに、一時的な活動ではなく二年間をかけて行ってきた研究作業であるため、様々な機会において様々な場面を様々な角度からみることができたといえる。さらに、対象者の行動やコミュニケーション、すなわち可視的要素のみならず、それに内在する考え方や生き方、それに潜む感情などをある程度把握するために、筆者自身も稲作に挑戦し、農業と密接に関わっている対象者の日常を体験的に知ろうとした。そうすることによって、観察やインタビューなどで得られたデータについて、どのように考察し解釈してもなかなかみえてこない関係性が初めてあらわれ、この研究の目的に沿った考察を深めることが可能となった。

第四項　インタビュー調査

つぎに、インタビュー調査について述べていく。観察を行う際に各世代に所属する地域住民と交わした会話とは異なり、対象地域在住の大正生まれ世代の高齢者のみに焦点を当てインタビューを実施した。自由面接法（インタビュー法）を用い、質問項目に従って（付録２　インタビュー構成表を参照）対象者による多様な回答を聴き取った。言い換えると、生者と死者とのつながりを対象者一人ひとりの人生をバックグラウンドに、一人ひとりの個人史すなわちライフヒストリー（中野・桜井 1995；Bornat 2004；Rosenthal 2004）として記録した。また、インタビューの進め方や人生の振り返りの手法については、回想法（ライフレビュー）[12]（野村 1998；やまだ 2000）を視野に、インタビューを構成した。なお、自由面接の基本的手順を左記に示す。

第一に、調査へのお願いを兼ねて挨拶を行った。その一環として、個人情報保護について説明し、録音・撮影の許可を得た。ほとんどの場合、録音の許可は下りたが、録音を全面的に拒否するケース（一件）、または一部の話題に関してだけ録音を拒むケース（二件）などにおいて、対象者の希望に合わせて録音を行わず、インタビューの内容を筆記記録としてまとめた。

第二に、対象者の個人要因と状況要因を中心に、家族背景・住居形態・婚姻状況・経済状況・健康（心身）状態等についてたずね、対象者の置かれている状況を明確にした。

第三に、社会的ネットワークに関する手法を用い（McCallister & Fischer 1978 : Wellman 1979 : Kahn & Antonucci 1980）、対象者を囲む人間関係についてたずね、家族・友人・近隣・その他の諸関係の有様、面会頻度や物理的および情緒的距離について詳しく聞いた。また、対象者にとって各関係がもつ意味や働きにも注目した。この点に関して、近年、手法としてディグニティ・セラピー（Chochinov 2002 : Chochinov et al. 2005 : 田代 2009）が注目を浴びており、「受け継がれていく生」として、死を超えたつながりの実感へと結び付くものとして日本に紹介されている。ディグニティ・セラピーとは、他者との関係性を軸に、大切に思う人とのつながりや家族などへのメッセージ、自分自身について憶えてほしいことなどから形成されている手法であり、本研究に適しているように思われる。ただし、筆者は、本調査のインタビュー内容を構成する際にこの理論を参考にしたが、田代（2009 : 231）が訳したディグニティ・セラピー質問項目をそのまま使用することを避けた。なぜなら、英語から直訳した項目は対象者にとってわかりにくく、また謙譲な姿勢を示す日本の高齢者にとって、「成し遂げたことのなかで…もっとも誇りに思っていますか」（田代 2009 : 231）のような質問もまた戸惑いを起こすことが、プリテストで明らかとなったからである。結果として、社会的ネットワークに関する手法やディグニティ・セラピーなどを参考にしつつ、どちらかというと、対象者の自然な「語り」を重視して、それに沿っていくようなな形でインタビューを実施した。

第四に、右記の三点を踏まえつつ、対象者の人生をともに振り返って彼らの個人史に傾聴した。対象者との共同作業を通して、歩んできた人生の様々な経験をもとに大切な存在とのつながりに託すものについて共に考え、逆に、人人間関係に起因する諸問題について話した。その語らいの中から、対象者のもつ生き方や価値観を見出そうとした。人生に危機が訪れた際に支えとなるものにも注目しながら、インタビューを展開した。

第五に、死者との関係性に焦点を当てた。ただし、すでに述べているように、死者を個々人のネットワークに位置しているかどうか、あるいは死者を大切な存在として認識しているかどうかに注目した研究であるがゆえに、このような死者に対する見方や先入観を対象者にもたらし、偏ったインタビューへと陥る危険性を常に念頭に置いていた。したがって、この段階では敢えて、死によって関係性が断ち切られるのではないか、という切口から出発した。むしろ、「死者に口なし」という言葉がある。「死んでしまった人は当然ものを言わない。だから、仮に無実の罪を着せたとしても弁解しないし、また、証言したりしないということ。死んだ人を自分に都合よく利用するときなどに」用いられることわざである（故事ことわざ辞典 2001）。ただし、本調査では、民俗宗教における死者との対話という立場に立つ池上（2002）のように、死者は何も話せない・共に語れない・コミュニケーションが取れない、と直接的な意味で用いインタビューを進めた。それに対する対象者の反応を観察しながら現時点における死者とのつながりの有無やその有様についてたずねた。また、それまでのライフスパンの各時点における死者との関係、死者の位置付けについてたずね、インタビューを展開した。その一環として、死者供養や葬送儀礼についても聞き、具体的な習俗やそれに託されてきた思いを追求した。さらに、かつて行われていた習俗や祭祀と現在の有様との相違や時間経過にともなった変容について、対象者一人ひとりの立場から語ってもらった。

第六に、まとめとして、様々なつながりの役割について共に考えながら、対象者との共同作業でこのつながりの構造を求め、ネットワークの構図を共に作成した。ここでもっとも注目したのは、死者が大切な存在すなわちネットワーク・メンバーとして個々人のネットワークに入るかどうか、というところである。要するにネットワークは、人間の世界を超え異界にまで拡大されているかどうかという点である。

以上、インタビューの手法の紹介である。なお、インタビューの実施時間については、約一時間をかけて行った短いものもあれば、数回にわけて行った合計約三時間（録音時間）にわたるものもある。基本的には、対象者の語りに沿ってインタビュー時間を調整した。平均時間は、約一時間半である。

インタビューの形式については、ほとんどの場合において一対一で行い、対象者のプライバシーに配慮した。一方、配偶者または親友の同席を希望した二組については、それに応じて一対二の形式でインタビューを行った。これは、対象者にとってもっとも話しやすい環境を整えることにつながると考えられ、適切な方法と判断できる。

第五項　アンケート調査

インタビュー調査は専ら高齢者に着目したが、本研究の今後の展開を考えると、その他の世代にまで視野を広げることが望ましいといえる。とりわけ、教育実践を考案し、実施するにあたって、児童・生徒の実態に関する知見が不可欠であろう。ただし、世代間比較あるいは各世代における死者との関係性を明確にすることを、本研究の目的とはしていない。大正生まれ世代のもつ死者とのつながりは、その他の世代の視点からどのように受け止められ、どのように思われるのかについて吟味するために、量的手法としてアンケート調査を実施することにしただけである。

本節の冒頭に述べたように、対象地域の教育機関の協力を得て、生徒とその家族を対象とした。アンケート用紙に関しては、先行研究（小谷 2003）で用いられたものを参考にしながら、フィールドワークやインタビュー調査で明らかになりつつある諸要素をもとに作成しプリテストを行った。死者との関係性および死者に対する意識と行動に関する九項目を設定し、五段階評価尺度を設けた。さらに、生き方と関連して、人生の支えについて自由記述を求めた。

第六項　分析法

これまで述べてきた手法を用いて、いくつかの種類のデータが得られた。まずは、フィールドワークを通じて得たフィールドノートおよびフィールドでなされたやり取りを書き留めたトランスクリプト、つまり記録である。この記録は、スポラドリー（Spradley 1979）が提案しているように、四段階にわけて行った。観察の途中ないしは観察直後に記録した簡単なもの［1］をもとに、各フィールドセッションの最後に膨張記録（expanded notes）［2］をまとめた。次に、フィールドワーク中に浮上した問題点や課題と気づきを中心に考察を行った結果をフィールドワーク日誌［3］としてまとめ、仮の解釈、つまり観察した現象に関する調査経過中の解釈［4］を記録したうえで、次の研究活動（フィールドセッション）へと還元させた。これらは、研究を行う側による主観的データとはいえ、フィールドワークの各過程を反映しているものである。したがって、記録を分類し整理したうえで、本研究における考察の一つの基盤として位置付けた。なお、映像や画像といった視覚データについては、補助的な役割のみを与え、映像分析を実施しなかった。

観察不可能な事柄を明らかにするにあたって、インタビュー調査は欠かせない手法として位置付けられ、インタビューで得られたデータを用いた分析は、結論に導くための重要な手掛かりであるといっても過言ではない。録音が拒否された二件以外は、ICレコーダーを用いてインタビュー内容を録音した。さらに、インタビューを録音すると同時にメモを取ることにした。なぜならば、録音したデータの文書化を行う際に、記号付き逐語録ではなく、所感・メモ・気づきの要約プロトコールを作成することにしたからである（Hendl 2008：209）。筆者の気づきやメモと同時に、インタビュー時の様子も記録し、対象者のジェスチャーなど録音不可能な要素も書き留めた。なお、研究目的に即しており重要と判断した口述は、逐語録を作成した。

次のステップとして、文書化したデータをもとに、まずはオープン化を行った。つまり、研究目的を念頭に置きながら、分析・解釈上で重要と判断した現象、すなわち事例を抽出し、その詳細について研究テーマに沿った次元化、いわゆる多面的分析を行った（Hendl 2008：247）。次に、複数の口述や事例の共通性を探り、集束化、すなわちパターン化を行った。さらに、抽出した各パターンの背景にあるコンテキストや状況による影響、そしてその相互関係を求め、分析を展開した。

インタビューの逐語録を資料編に載せる形は一般的であるが、本調査は人間関係や死者との関係やそこに託された思いなどをテーマとした極めてデリケートな話である。そのため、プライバシー保護の目的でインタビューのプロトコールを公開しないと判断した。特定の地域、つまりごく限られたフィールドの中で収集したデータであるため、対象者の氏名を公開しなくても個人の特定が可能であると考えられるので、この判断に至った。むろん、分析の結果について解釈・考察する際に、実際になされた口述をそのまま引用し部分的に紹介するが、インタビュー全体の掲載は避けることにした。また、いうまでもなく、対象者の氏名を公開することなく、A氏、B氏…と表記することにした。なお、氏名以外の属性に関しては、考察・解釈するにあたって欠かせないものだと考えられるため、口述を用いる際に略式属性を示すことにした。

最後に、アンケート調査のデータを用いた解析法に触れることにする。データを入力した上で、エクセル、SPSS16.0J および JavaScript-STAR version 4.4.4j のソフトを用いて、単純集計、χ^2 検定等の統計処理を実施した。

注

（1） QOLとは、英語の“Quality of life”の略であり、人生の質、または、生活の質と訳されている。やり甲斐、心身の健康や幸福などの要素から形成され、一人ひとりが人間（自分）らしい生活を送っているか、ということを表す尺度である。

（2） なお、死者をテーマにしたため、先行研究を引用する際に「他界」という語句が散見されるということになる。引用であるがゆえに、そのまま「他界」という用語を用いているが、本論では、上述したように、「異界」と表現していくことにする。
（3）なお、この構造化について第一章二節（四一頁）で詳しく触れている。
（4）具体例として、二〇〇二年より東京大学大学院人文社会系研究科を中心に医学部や教育学部などと協力しながら、「死生学の構築」といったプロジェクトが発足し、さらに、二〇〇七年に「死生学の展開と組織化」と題したグローバルCOEプロジェクトがスタートし、新たな学問領域の確立と若手研究者の育成を目指している。
（5）日本民俗学会第六一回年会（2009）で口頭発表。また、郷堀（2011）「小正月行事に参加する子どもの行動と意識に関する一考察」『日本民俗学』二六五号、五七―七一頁。
（6）ＳＯＣとは、Sense of coherence のことであり、日本では首尾一貫感覚と訳されているが、アントノフスキーの提唱した健康原因論において、「人生に意味があるか」という実感を指している。病気やストレスなどを乗り越えるための、最も決定的な抵抗資源であるとされている。（Antonovsky 1987）
（7）合目的サンプリングとは、研究テーマについて解明する上、何らかの特性をもつ標本を作為的に抽出し、研究の対象とするものである。母集団の統計的な代表性を獲得することが目的ではない手法である。英語で Purposive sampling と称され、質的研究の主な手法の一つ。
（8）嫁として対象地域に嫁いだ対象者は二名いたが、結婚後、対象地域に入り本地域で壮年期と高齢期を過ごしたため、標本として適切と判断した。
（9）本書に掲載される対象者年齢は調査当時の年齢である（二〇〇九年当時）。最年少の対象者は大正一五年生まれで、最年長の対象者が生まれたのは大正二年である。
（10）ケア付き住宅在住の対象者については、以前住んでいた地域に行き来したりして依然として交流等がなされている場合、地図に対象集落として示した。
（11）毎日あるいはほぼ毎日元の住宅へと通う対象者もいる。
（12）ＱＯＬを高め、高齢者のコミュニケーション推進などに使用される回想法（Reminiscence Therapy）と自我の統合を可能とするセラピーとしてのライフレビュー（Life Review）には共通点があると同時に、それぞれに異なる特徴も持っていると指摘されている。だが、回想法とライフレビューは重複、交叉して表出され、相互に変化しうる流動的な概念である、と野村（1998）は強調。

第一章　つながり

第一節　つながりの構造および機能　～本研究の理論的背景～

第一項　つながりとは　～つながりの構造（ネットワーク）と機能(1)～

序章でも触れたが、本論では生者と死者との関係性について吟味したいと考えているために、社会的ネットワークを一つの道具として用いることにした。社会的ネットワークは、複数の参加者を結びつける複数の関係から形成されている構造であると社会学領域で定義されており（Boudon et al. 1999）、ジンメルやモレノにより先駆的研究がなされた（Simmel 1903；Moreno 1934）。ネットワークの構造やその変容に関する研究が蓄積されており（Wellman 1988；Freeman 2004）、文化人類学などの社会学以外の領域でも展開されてきた（Radcliffe-Brown & Berkowiz 1952；Bott 1957）。だが、間接的であろうと直接的であろうと、個々人が取り結ぶ関わりすべては右記の広義に当てはまるのではないだろうか。個々人を支える「つながり」について論じる以上、一般的な社会関係から成り立つネットワークをより限定する必要があるであろう。これは長年にわたって老年学あるいは社会老年学の課題であり、高齢期におけるネットワークをめぐる理論的および実証的研究について、海外ではアントヌッチらが（Antonucci & Jackson 1987；Krause 2001；Fiori et al. 2006）、日本では野口らなどがレビューしまとめている（野口・杉澤 1999；浅川 2003；野

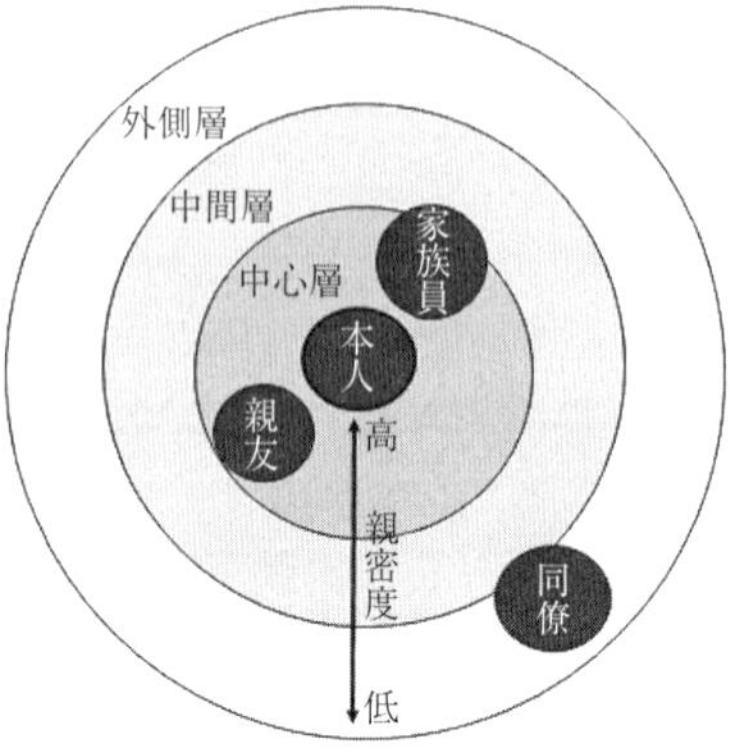

図５　コンボイの構造図
この構図は、カーンらの提案したモデルを基に一部改変したものである。
（Kahn & Antonucci 1980：273を一部改変）

邊 2006；杉澤 2007；古谷野ら 2007；古谷野 2009）。人間関係による支え、すなわち援助に着目している老年学では、構造として社会的ネットワークの概念を用いているが、この構造の機能的側面を社会的サポートと称している（杉澤 2007：207）。

本研究ではつながりの機能に着目していると同時に、生者のみならず、喪失後すなわち生者が死者になった後も、その関係の変化について吟味したいと考えている。そこで、社会関係を動態的に捉えているカーンとアントヌッチの提唱した「コンボイ(2)」という理論を借用し（Kahn & Antonucci, 1980）、ネットワーク概念に適用することにした。コンボイとは、護衛艦あるいは護送船団の意である。海軍の様子が思い浮かぶかもしれないが、ここでは「護」の字に注目したい。保護、つまり「守る」という意味が含まれている。個人は生活していくうえで、一人ではなく様々な人間関係を築き、その人々に守られているということになる。要するに、実物の護衛艦のように、常に前へと進むコンボイの構造は、様々な生活場面に対応することによって変容していくということである。このように、ライフコースへのアプローチがなされ、誕生から成人期を経、高齢期までのネットワーク変化を追跡することが可能である。

コンボイ内の関係が、個人に人的資源を提供しており、「愛情」「肯定」「援助」の側面をもつ社会的サポートを与える、とカーンらは考えている（Kahn & Antonucci 1980：267）。これは、一般的なレベルの人間関係より著しく限定された関係にあたり、本研究で扱う「つながり」と一致している。

また、空間的側面に関しては、図５で示したように諸関係の親密度などによりコンボイ構造を三つの層に分類することが可能である。最も親しく、強い情緒的関係は、本人と直接的に接する「中心層」に入る。この関係は、長期間にわたって安定しており、配偶者や親友がこの層に入ると考えられる。外側に進むにつれて、諸関係の親密度が減っていき、社会的役割の変化に伴う影響を受けやすくなるということである。具体例として、「中間層」に友達や親族がはいり、「外側層」に上司や専門家などが入るとカーンらは示している（Kahn & Antonucci 1980）。

上記の構造は、通常数人のコンボイ・メンバーから形成されている。ウェルマンは、このメンバーを「大切な人」ないしは「最も親しい人」と称しているが（Wellman 1979）、ネットワーク調査の手法をまとめたマッカリスターらは社会的サポートの側面を重視し、このメンバーを「相談に乗ってくれる人」「介護をしてくれる人」「サポートしてくれる人」「話を聞いてくれる人」「支えてくれる人」などとしている（McCallister & Fischer 1978）。また、このコンボイ・メンバーを構造図に直接書かせる手法もしばしば用いられているが、いずれの場合も、メンバーとして認識しているかどうかは対象者次第である。

さらに、カーンらは、時間経過の要素のみならず、社会的役割概念にも論点を置いた。加齢の要素をコンボイ概念に取り入れたことにより、加齢に伴う役割関係の変化すなわち役割移行と役割喪失を明確にすることができると指摘している。誕生、結婚、離婚、転勤、死別、転校など、ありとあらゆる場面において、新たな人間関係が形成され、崩壊する。具体例を挙げると、孫の誕生と共に祖母であるという役割が生まれ、次に夫を喪えば、配偶者としての役割が消えるということになる（Kahn & Antonucci 1980 : 272）。コンボイの概念はこの変容を反映し、ダイナミックな構造である。

第二項　人生を支えるつながり(3)

本項では、高齢期の生き方、とくに介護と医療との関連を意識しながら前項で紹介してきたつながりがもつ機能に注目したい。まずは健康状態の定義を挙げることにする（世界保健機関 1948）。その定義を規定する要因として身体とこころ（心理）の健康、またはその疾病が第一に浮かびあがるであろうが、健康の定義には社会的側面も必然的に含まれており、人とのつながりに起因する社会的痛みなども広く知られている。

いうまでもなく、マズローにより提唱された欲求段階においても人間関係への欲求が包含されており、人とのつながりと自尊心や個々人のアイデンティティの間に生ずる関係性は確認済みである（Maslow 1943）。しかし、マズローは自己実現を欲求構造のトップに位置付けたが、文化比較研究（Hofstede 1984）において論破された。マズローのフィールドであった米国では、個人主義傾向が強く、自己実現が当然ながら、最も重視されることになるであろうが、文化的背景に配慮した国際比較では、マズローの示した構造が確認できたのは、米国社会のみだった。日本を含む東アジア文化圏に関して、人間関係の方がより重要となっており、関係性の中に存在すること、すなわち関係性を欲求する強い傾向が示唆された。

次に、人と人とのつながりが、我々をいかに支えるかという問いに対しては、フランクル（Frankl 1977）の積み重ねた研究がしばしば挙げられている。フランクルは人生の意味への意義を人間根源と位置付けたうえで、その意味をもたらす最も決定的な要因を大切な人とのつながりに求めた。第二次世界大戦時、ユダヤ人としてナチスドイツの収容所に拘束され、奇跡的に生還したフランクルは、極限的過酷な状況下の人間の有様を心理学者と精神科医の目で観察した結果、生存者の最も強力な支え、生き残るための決定的な要因とは、「大切な人がどこかで待っている」という確信であるという結論に至った。これらをアントノフスキーがさらに展開し、健康保持のメカニズムとの関連を証明した（Antonovsky 1987）。アントノフスキーの研究(4)をもとに医療や教育などの様々な領域において一連の実証研究がなされてきたが、これらの国内外の取り組みについてはベッカー（2009）が詳細にレビューし、分析している。

また、前項で紹介したコンボイ概念に関しては、カーンらがストレス論の観点からアプローチし、人的資源の豊かさ、または貧しさと精神的健康との関連性について吟味した（Kahn & Antonucci 1980）。コンボイ概念を視野に、人間関係の規模および有様が健康に与える影響についてアントヌッチら（Antonucci Jackson 1987；Antonucci et al. 2004）やフィオリら（Fiori et al. 2006）は実証研究を行っている。日本では杉澤（2007）が概略的に紹介している他、家族や友人による高い情緒的サポートが良好な精神的健康と相関しており、ストレスなどを軽減できると報告されている（川本ら 2000, 2004；藤田・上野 2003；小泉ら 2004；原田ら 2005）。

第三項　日本文化的文脈の中でのつながり（5）

前述のように、西洋では、とくに社会科学の発展とともに健康と人間関係との関連について論じられ、看護や医療への示唆がなされてきたが、東洋では、これらの事柄は古くから知られているように思えてならない。論語をはじめ、人とのつながりの大切さを説いているものはリストアップするまでもないであろう。また、周知のとおり、日本語には「縁」という言葉がある。人と異界のつながりが意識され、独立した個々人ではなく、他人や他生との縁やつながりという関わりが日本人の考え方や生き方の根底にあると考えられる。これらはまた、「結《ゆい》」という言葉として現れており、稲作を主とした農耕共同体における人間関係の有様や機能を物語っている（福田ら編 2006：583）。このような、いわゆる日本基層文化の一要素を、浜口（1982）が展開させ、「間人《かんじん》」という理論を提唱した。浜口によると、独立した存在ではなく、個人と個人の間に生ずる関係性が日本社会の根本を成しているということである。同様に、和辻（1934）も、独立した個々人ではなく、「人の間」、つまり人と人の間に成り立つ関係性、その間に成立される倫理に注目している。

むろん、この関係性の中に存在するというのは、決してよい側面だけを持っているというわけではない。上述した「結」という概念も、かつて農村社会を強く束縛し、村八分と表現されるように、極めて厳しい顔も持っていた。さらに突き詰めてみれば、基層的要素を確かに残しつつ、現代社会は変容してきていることがわかる。再び社会学、とりわけ家族社会学の見解を借りれば、現代の日本家族は、制度としての家族（前近代家族）から集団としての家族（近代家族）を経て、近年、個人を中心とした構造（脱近代家族）へとシフトしていることが明らかである（落合 2000）。

ただし、ホフステーデ（Hofstede 1984）による研究を元にした最新の調査では、日本社会は相変わらず高い集団意識をみせており、文化的コンテキストに潜んでいる人間関係構造は短時間で著しい変遷を遂げていないということになる（Klasing 2008）。ましてや、本研究の対象となる高齢者に限っていえば、彼らの価値観や世界観には、この関係性を重視する傾向が大いに残っていると推測できる(6)。

第四項　高齢期におけるネットワーク(7)

さて、理論そのものはさておき、終末高齢期における人間関係の実際の在り方に注目していきたい。高齢期に入ると、ネットワークの規模が縮小されると一般的に考えられるが、ヘスら（Hess 1972）によると、ネットワークは意外な生命力をもち、新たな状況に適応できるという。家族、友人、地域と関わりながら、退職や喪失によって孤独に陥る高齢者は少ないと報告されている（柴田 1985；Thomése et al. 2005）。

しかし、いずれは健康上の問題等により限界にたどりつき、ネットワークの規模が縮小し始めるというのは、アントヌッチら（Antonucci & Jackson 1987）の主張である。それに対し、トメースら（Thomése et al. 2005）は、入院や施設入居によるネットワークの減少に至るまでは、ネットワークの規模は著しく変わらないと考えている。ここで要因となるのは、健康状態よりは、物理的な距離である。つまり、在住していた地域や近隣コミュニティーを離れることにより、以前の人間関係が断ち切られ、ネットワークの規模も極端に限定されるということである。

一方、入院に伴う物理的距離と同時に、ネットワークの規模を縮める自発的な措置も生ずる、とカールステンセンは論じている（Carstensen 1991）。それは、情緒的な側面である。高齢になり、死を目前にしている人は、親密度が低く情緒的でない人間関係を意図的に断ち、最も親しい人間関係、つまり大切な人とのつながりのみを残すような傾向がある、と述べられている。すなわち、量にこだわらず質を求めるのは、人生の終末期における一つの選択肢である、とカールステンセンの社会情緒的選択理論が物語っている。

また、社会的サポートの視点から考えると、階層的補完モデルと課題特定モデルが提案されている。課題特定モデルではサポートの課題とサポートの提供者に適合性があると考えられる（Litwak & Szelenyi 1969）。一方、階層的補完モデルでは、サポートの課題すなわち内容とは関係なく、サポート提供者が序列によって決定されると提案されている（Canter 1979）。とくにこの階層的補完モデルのコンテキストの中で重要なのは、老親扶養を規定する社会的規範である。日本では、高齢者のケアは家族、とりわけ子どもの責任であるとされてきたが、坂本ら（1990）が指摘しているように、この伝統的規範を代表するいわゆる「跡取」モデルのほかに、高齢者本人の意思を中心とする「自立」モデル、国の社会保障制度が問われる「公的責任」モデルも高齢者へのサポートの枠組みを規定している。

一方、イエ制度や親孝行が依然として日本における介護の有様に影響を及ぼしている、と橋本らは述べている（Hashimoto & Ikels 2005）。同様に、イエ制度を土台とした価値観によって、日本の高齢者のネットワークが配偶者と子どもに集中していると藤崎（1998）は考察している。さらに、日米比較調査の結果をみると、日本人高齢者の七五％は自分のネットワークの中心に子どもや家族員を位置付けるのに対し、アメリカでは、家族員ではなく、親友が中心となったネットワークが四八％を占め、最も多いパターンであることが明確になった（藤崎 1998）。この個人主義と集団主義の傾向による相違は一般的な見解とされてきたが、その後の国際比較調査（Antonucci et al. 2001；Takahashi & Ohara et al. 2002；Lansford et al. 2005）では多くの共通点も認められ、社会文化的背景を超えたネットワークの特徴が見出された。また、非家族に注目した実証研究がなされ、日本人高齢者を取り巻く友人関係の構造や機能が明らかとなった（前田 1999；古谷野ら 2005；野邊 2010）。

入院あるいは介護施設への入居をともなう変容については、拙論を用いることにしよう（郷堀ほか 2009）。介護施設における高齢者の社会的ネットワークの構造を明確にしたうえで、ネットワークの構造に影響を及ぼすと考えられる諸要因について分析し、調査を行った結果、上述した家族中心型ネットワークが確認されたと同時に、極めて縮小されたネットワークの多発も明らかとなった。対象者[8]の平均年齢は八五歳[9]で、この研究の対象となった大正生まれ世代と重なっていることから、以下、詳細について言及したい。

介護施設に入居した対象者がもつネットワークについて、二重の鉄輪が障壁として囲むような構造を描くことができる（図6を参照）。伝統的社会規範などの影響を受け、家族員しかネットワークの中心に位置づけられないことは、高齢の介護施設利用者を取り巻くネットワークの特徴である。要するに、物理的距離に関係なく、実際の交流が行われなくても、自分の子どもに対して依存的であり、子どもを中心に人間関係を形成し、親族を大切な存在として認識している。

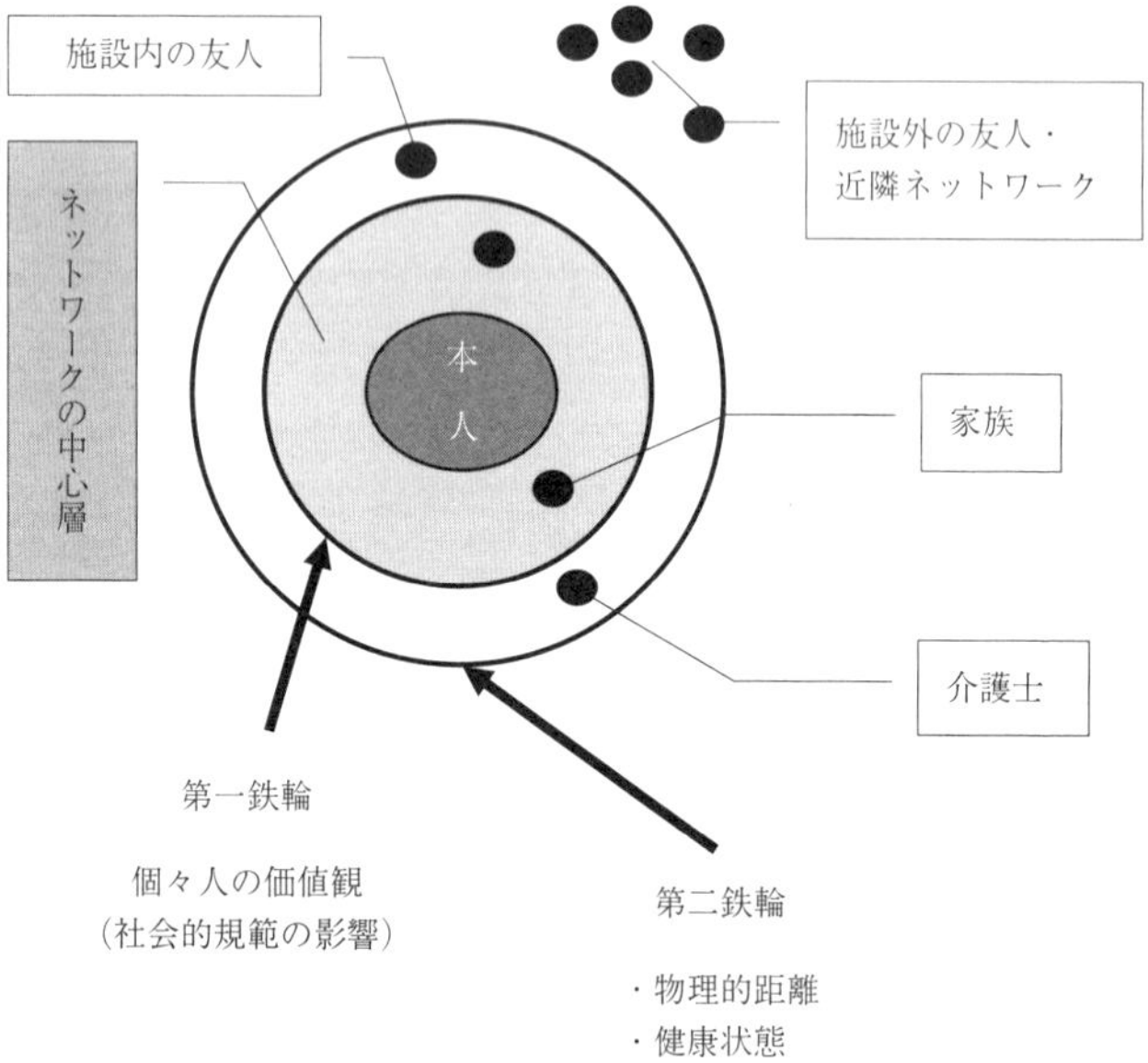

図6 「二重鉄輪」のモデル
（郷堀ほか 2009：167）

一方、常時介護を行う介護士、または同じ空間を共有している同施設の友人であるならば、「大切な人」としてネットワークに入ったケースも僅かながらあったものの、ほとんどの場合において、「第一の鉄輪」を乗り越えず、ネットワークの中心層に入ることはほぼ不可能であった。加えて、施設入居により物理的距離が生じているため、外部の友人や近隣ネットワークは利用者と隔離され、ネットワークに入ることが不可能であった。ゆえに、施設への入居自体が壁となり、まさに「第二の鉄輪」となっている。

このように、高齢の介護施設利用者が親しい関係に欠乏しているという結論に至ったが、以下に論じていくように、生者だけでなく、死者とのつながりを抜きに日本人高齢者の生き方は語れないのである。

第二節　異界とのネットワーク　～生者と死者を結ぶネットワークの構造～

前節でレビューしてきたネットワークとは、人間関係に限定されているものである。ただし、これから示していくように、日本の高齢者の生き方やＱＯＬを論じるうえでは、亡くした「大切な人」とのつながりを視野に入れるべきである。高齢者を取り巻くネットワークの構造の再構築が必要であると訴え、「異界とのネットワーク」といった新たな構造を提案したい。

さて、社会学あるいは社会老年学の領域で扱うネットワークに関する根本的な考え方を左記の通りまとめることができる。

「人間界」には、この地球に居るすべての人々が属している。当然ながら、無関係ないしは無関心な人もこれにあたる。一度も会ったことのない、顔も名前も憶えていない人、遠い国に住む人々などである。同じ人間であるならば、この「人間界」に入っている。いかに遠い存在でも時には、テレビのニュースや新聞の写真を通して私たちの生活空間に入ることもあるかもしれないが、時間の経過と共に再び消えていくであろう。むろん、このような膨大な枠組を縮め、一人の個人の生活空間に属している人々に限定してもほぼ同じであろう。無意識のまま私たちは無数の人々に囲まれて生活しているわけである。

そこで、社会的ネットワーク論が注目しているのは、個々人にとって大切に思う人、大事な人などである。生活を営むうえで、生きていくうえで、大切な人たちから成り立つ構造である。これは図7で示した個々人の「社会的ネットワーク」に当てはまる。対象者との関わり、関係（つながり）をもち、その関係性を対象者が認識している、という関係である。この点については、価値観や世界観、これまでの経験などが反映されている対象者のこの認識が最も重要なポイントである。つまり、観察者、調査側の判断ではなく、対象者の認識、感情、内なる世界によるものであろう。

ただし、すでに触れているように、死者を大切に思い、死者を大切な存在なり自分を支えている存在、と認識している対象者との出会いは、目前にそそり立つ新たな課題を呼び起こした。人間界に属していない死者たちをどこに位置付けるかということである。対象者の言葉を使って、「あの世」にわたるネットワークという、いわゆるキャッチフレーズを掲げたが、「あの世」という語は、学術用語でもなく、また、極楽浄土や天国などという語もあるように、多くの対象者にとって死者のいるところを指す言葉でもない。にも

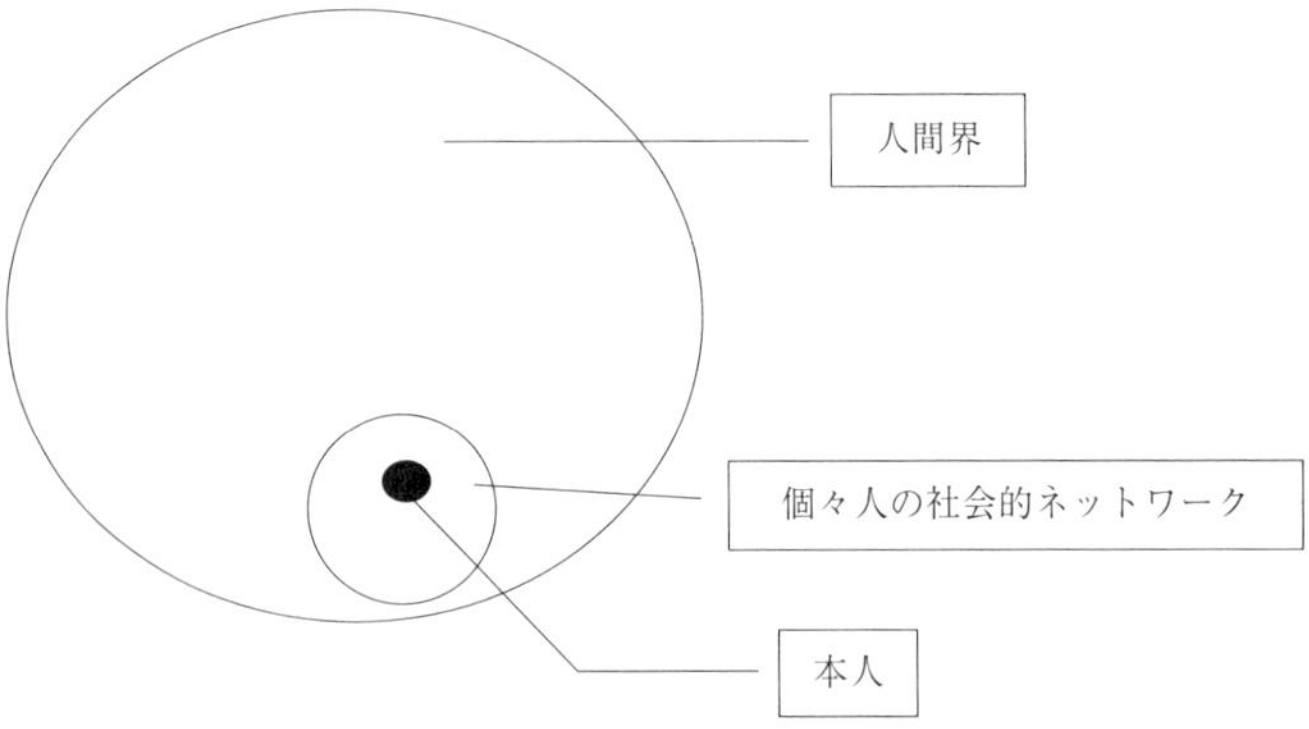

図7　社会的ネットワーク論に基づく全体構図

かかわらず、本研究の初期段階における試みとして、時間の軸を導入し、「あの世」とのネットワークの構造を図8のように描いた。

しかしながら、図8のように、死者を〝過去の世界〟のみに求めたのは、過ちであった。対象者本人にとってみれば、死後の世界とは、どちらかというと、今の人生の延長線上に位置するものであろう。彼らの立場から考えると、死者のいるところとは、決して過去だけではなく、死んだら自分が赴くだろうという死後の世界であり、むしろ将来に当たるのではないかと思われる。

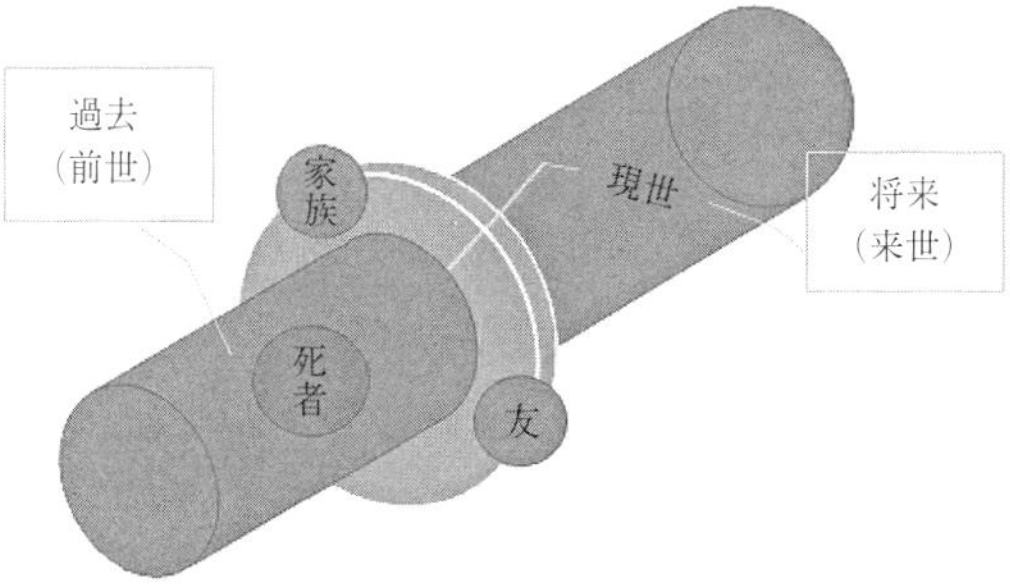

図8　「あの世」にわたるネットワーク構造への試み

むろん、時間的次元に考慮するのは重要であるが、ここで注目したいのは、空間的ニュアンスである。図8の構造の場合、死者と生者との距離、空間的関係性、ましてやネットワークの構成ないしはネットワークに入らない死者との関係を表すことは難しいといえる。

さらに、他界の具体的なイメージをほとんどもたない対象者たちにとって、「あの世」にわたるネットワークにはどれほどのリアリティがあるのかも、疑問が残っている。

このような問題点が生じていたため、本研究の初期段階で考案した構造を見直し「異界」の概念を用いて新たなる構造化を試みた。出発点となったのは、「『人間界』、すなわち、人びとの日常世界・日常生活の外側にあると考えられている世界・領域である」と定義されている「異界」である（小松編 2006：6）。さらに、小松は、「『異界』という言葉が広く一般に流通するようになったのは、最近のことである。それまではむしろ、『他界』という言葉が、同様の意味をもつ語として用いられてきた。しかし、『他界』と『異界』には微妙な違いがある。『他界』

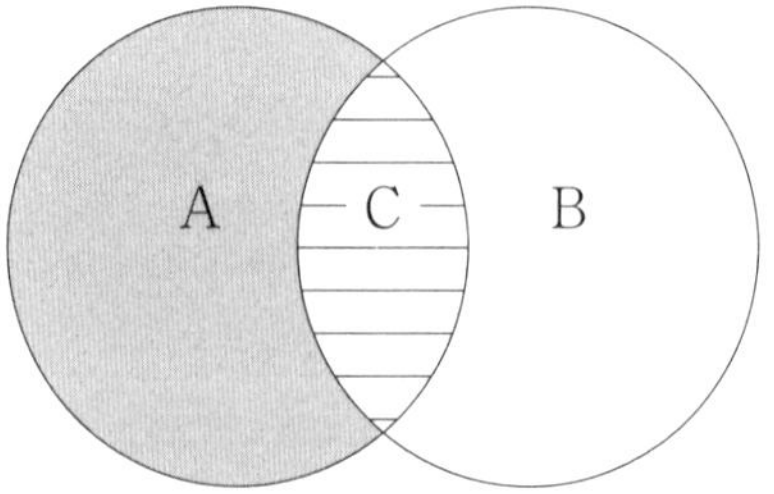

図９　異界をめぐる概念図
（小松　2003：14）

が『死後の世界』、『あの世』という性格を強く帯びているのに対して、『異界』の方はもっと空間的でかつ身近な世界というニュアンスが含まれている」としている（一〇頁）。死者とのネットワークを論じる際に、まさしく空間性と個別性は重要なポイントとなる。小松（2003）の提案した異界の構造は左記のとおりである。

　小松（2003）による、図９の（A）は「わたしたちの世界」で、（B）は「かれらの世界」にあたる。つまり、「人間界」と「異界」ということである。「この二つの世界は（C）の部分でつながっているのである。二つの世界が境界（C）をもたず、それぞれがそれ自体で完結した世界を構成しているならば、この二つの世界は相互になんら関係をもたない世界ということになる」（一四頁）。小松は、両義性をもつこの境界（C）の重要性を訴え、（A）と（B）の世界の交流ができる場（空間的側面）や時間帯（時間的側面）としてこの境界（C）を位置付けている。さらに、「洋の東西を問わず、人間が生活している世界にはつねにおびただしい『境界』が設定されている。境界を作ることが自分たちの世界を作ることだからである。人々は錯綜して重層化した境界を、必要に応じて強く意識したり、無視したりしながら生活を営んできたのである」とされている（小松　2006：7）。

　すでに述べているように、異界はかなり濃い空間的色合いを帯びており、常にわたしたちの日常空間のむこうにある。確かに、住み慣れた世界よりはるかに遠く、幻想性の高い異界、すなわち天上や海の彼方のようなものもあるが、家の裏や村境のような近い異界もある。さらに、異界をどこにでも見いだすことができ、条件が変われば、それまで人間界だった空間が異界の領域に入ることもある、と小松（2006）は主張している。

　だが、空間という性格ばかりでなく、異界は時間的次元ももっている。これは個人のレベル、そして集団のレベル

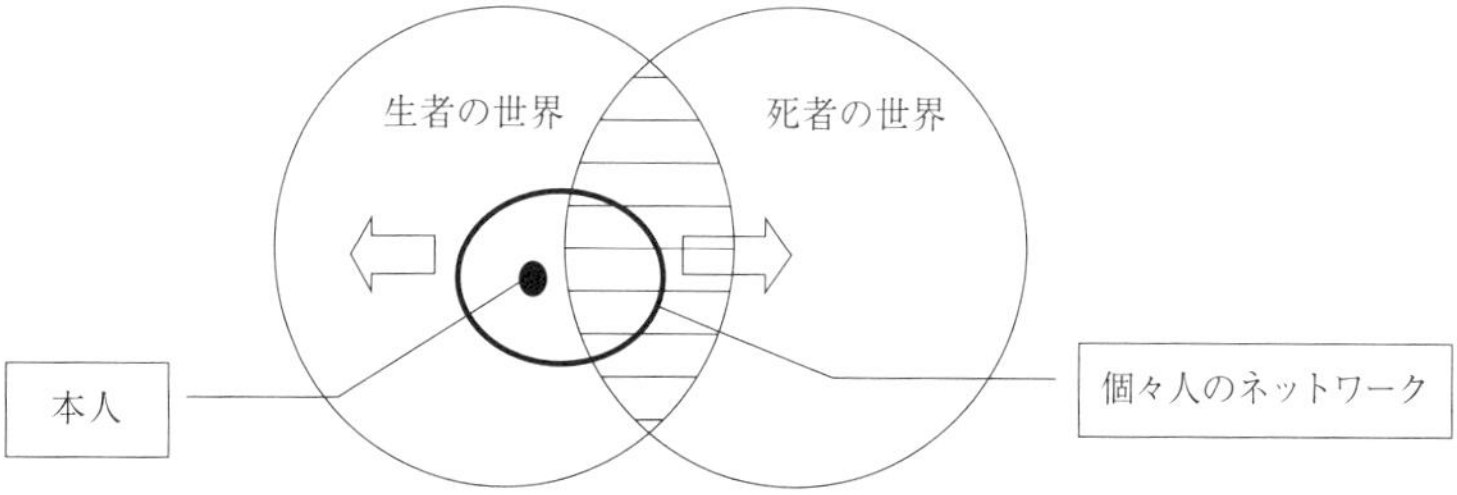

図10　生者と死者を結ぶネットワーク

でいう「過去」と「未来」であり、個人の場合、誕生以前の世界と死後の世界としての異界である。「これらの時間軸上に現れる異界に関連して強調したいのは、こうした時間軸上の異界つまり他界が、言説化されたり物語化されたり説明されるときには、空間のなかに投影される、ということである。つまり死後に赴く浄土は西方にあるとか、死者の霊魂は山のなかに還っていく等々。空間的異界と時間的異界とはじつは表裏の関係にあるのである」とまとめられている（小松編 2006：7）。

すなわち、ネットワークについて論じる限り、どちらかというと、空間的異界に注目することになるが、上記に示したように、その空間的異界には、対象者（ネットワークの持ち主）の他界としての時間的異界、すなわち他界観が反映され、関係しているということになる。したがって、序章で述べたように、対象者のバックグラウンドとして、彼らの他界観ならびに死生観に考慮しなければならないのである。

さて、小松に提唱され、概念化された「異界」を踏まえながら、もう一度死者と生者を結ぶ構造について整理し、再構築してみたいと考えている。本研究では、図9の（A）を「生者の世界」（すなわちわたしたちの世界）、（B）を「死者の世界」（すなわちかれらの世界、異界）として考えていきたいと思う。この二つの世界が重なっている領域を境界と称し、そこには、墓や仏壇（外部の側面）、夢や思い出（内なる側面）などが入っていると考えられる。川村（2006）は、「家の仏壇は日常生活の中で死者と触れる場、あるいは死者を想起する場であり、墓地はお盆や春秋の彼岸におもむいて、死者と出会う場であるといえようか。仏壇にも墓地にも、死者の霊が宿っているとは、おそらく誰も思わないだろう。仏壇、墓地はあの世から訪れる死者を媒介する装置だといえる。とはいえ、仏壇の位牌や墓地の墓石に手を合わせて祈っている。そうするなら、位牌や墓石はたんなる死者の媒介装置だといえなくなる。あの世のような、日常生活とは異なった次元の世界が、仏壇にも墓地にも想像されている（以下省略）」（八三頁）としており、境界をそこに求めることが可能であろう。

さて、この概念を構造化しておくことにする。ネットワークの構造と合わせ、死者を「大切な人」として認識している対象者の場合、図10を描くことができる。

個々人のネットワークは人間界からはみ出し、境界の領域にまで及んでいる。そうすることによって、大切な存在として、つまりネットワークメンバーとして認識されている死者も構造上ネットワークに入れる。しかし、人間の世界にも、死者の世界（異界）にも、「大切な存在」もさることながら、「無関心な存在」もあれば、「恐ろしい存在」もあるであろう。ただし、上記の構造の場合、ネットワークに入りきれない人々と同様に、ネットワークに入らない死者たち、その死者たちとの関係性にも注目できる。このように、死者を自分のネットワークに位置付けない対象者にすら、自分の世界との何らかの関係性をもつ異界が生じており、そこには死者も入っているのである。上記の構造はそういった分析と考察に可能にするものであり、本研究に適した概念だと考えられる。

また、小松の指摘のように、時間の経過とともに、必要性に応じて個々人のネットワークは人間界の方向に移動したり、境界へと踏み込んだりしながら変容していく（図10の矢印を参照）。だが、人間は生きているうちに境界の向うに広がっている異界に入ることはほとんどないだろう。とくに、死者の世界としての異界に限定すると、特殊な能力の持ち主、まさにシャーマンのような存在しか、何らかの儀式を通じて異界に足を踏み入れることはできないであろう。それがゆえに、個々人のネットワークを人間界から境界へとわたる領域に求めたいと考えている。

第三節　生者と死者との関係性をめぐって

第一項　身近な死者　～柳田國男の研究～

柳田國男の積み重ねた研究を抜きに、生者と死者とのつながりについては語れないであろう。この課題、またはそれに類似した取り組みのほとんどは、柳田による学説の影響を受けており、その多くもまた柳田民俗学に依拠していると言っても過言ではないであろう。したがって、本項では、まずは柳田の説いた死者と生者との関係性に触れておくことにする。

柳田（1946. 1949）は、具体的な民俗資料ないしは彼の弟子たちが日本各地で実施した調査の成果をもとに考察し、その結果、日本人における死者とのつながりを左記のようにまとめている。柳田によると、死者の魂は人間の世界からはるかに遠い他界に赴くことなく、この国に留まっているということである。また、人間の世界と死者の世界、柳田の言う顕幽二界の交流が頻繁に行われる。その交流とは、盆や彼岸のような祭祀のみならず、常に招き招かれるという状態にある、ということになる（柳田 1946：196）。つまり、日本人は、柳田の活躍した時代もなお、死者の魂が山などに行き、遺族の近くに留まっている、と感じているということになる。決して無視できない仏教や儒教による重大な影響にもかかわらず、表層的には西方にある極楽浄土の概念を受けたとしても、日本人の潜在的意識には、古来の死生観の一部が残っていると柳田は解釈している（柳田 1946：193）。この学説は、梅原（1989）のいう日本人の「あの世」観とほぼ一致している。また、死者は身近な存在であり、死者との関係性が死後もなお保たれているという感覚、という考え方が現代日本人の心にも潜んでいるではないかと筆者は考えている。このことは一つの仮説として本研究の出発点でもある。

それでは、柳田の考えた死者の本質について整理しておこう。ここで、最も注意しなければならないのは、柳田は、死者を魂として扱っているというところである。死ぬことによって、身体は消滅するが、魂だけが永遠に存在する、いわゆる霊魂と肉体の分離が生じるということである。「このような概念は、当然ながら死後の祭祀対象としては肉体あるいはその一部である遺骨に価値を置かず、専ら霊魂のみを重視することとなった」と福田（2004：57）は柳田の学説を踏まえながら述べている。その証拠の一つとは両墓制であると考えられる。つまり、遺体を葬った墓とは異なる場所に石塔墓を設置し、死者の遺骨や遺体がない石塔を中心に、年忌や盆行事などの死者を対象とした祭祀が行われているということである。なお、日本民俗学の領域において両墓制に関する研究はかなり蓄積されているので（柳田 1946：最上編 1979：新谷 1991, 2008）、これ以上は触れないことにし、死者と生者との関係に戻りたいと思う。

柳田（1949）によると、肉体を離れた死者の魂は、故郷の近く、つまり死者の生前の生活空間、子孫の生活空間の山に留まり、そこから子孫の暮らしぶりを見守っているということである。そして盆の時期になったら、そうした身近な異界から死者を呼び、供養を行った後、死者の魂をその異界に再び送る、と柳田は主張している。今もなお、迎え火と送り火の習俗がみられ、この学説を支えているように思われる。さらに、柳田は、この盆行事の由来を、本来の仏教教理ではなく古来の日本的死生観に求めているわけである。

ただし、これに対して梅原（1989）は、柳田とほぼ同様の見解をみせながらも、仏教は日本に伝来されて以来土着信仰を吸収し、日本独特の仏教が誕生した、と独自の学説を提唱している。とくに、日本人の他界観について分析と考察を重ね、日本基層文化に依拠する死生観が日本で展開された浄土の概念と相互影響し合い、最終的には親鸞の教えと融合した、とまで述べている。そして「このような、浄土教が日本仏教の主流となることによって、人間の魂をあの世へ送る儀式、葬式や年忌供養などは仏教が司ることになった。しかし、神道という形で残った土着宗教は、死の儀式を仏教に奪われた後も、再生の儀式の方は、頑強に自分の職分として守った」と分析している（四六頁）。しかし、これでは、柳田（1946）も指摘したことであるが、仏教と仏教以前の土着宗教には矛盾が生じてくるということになる。つまり、死者の魂は山へ行きこの国に留まると上述した土着宗教の考え方と、はるかに遠い極楽浄土を説く仏教は、二律背反の関係にある。仮に、日本人が極楽浄土の概念をリアルに受け入れているならば、死者の魂は毎年何回も西方十万億土の彼方にある浄土から帰ってこないだろうと、柳田（1949）も梅原（1989）も加地（1994）も同様に強調している。

これに対して、再び異界論を借用したいと思う。ここで注目しなければならないのは、人間の世界でいう十万億土の彼方と、異界でいう同じ距離とは必ずしも一致していないというところである。異界における距離感や時間の流れとは、人間の感覚や人間の世界と次元を異にするということである（小松 2003：89）。したがって、死者の魂が宿る場所として考えられてきた近場の山と、遠い極楽浄土に関する二つの考え方は、相互に絡み合い、相互に投影されている構造を考える余地があるように思う。そうすることによって、両者は共存し、上記の矛盾のままで併存することが可能であろう。現代日本における神道と仏教の共存や盆行事の有様がこの見解の証左となるといえる。梅原（1989：47）は、この現象を世界的宗教としての普遍性をもつ仏教の土着化および個別化と考えている。

第二項　先祖[10]としての死者　～諸説とその変遷～

ここでは、柳田の学説について別の角度からもう一度考えてみたいと思う。柳田（1946）は日本人の源流を探りつつ、生者と死者との関係にみられる特徴を、日本人の死生観や霊魂観、日本人の幸福感にまで展開したといってもよく、かなり幅広いスケールで考えたわけである。その中で、死者を「先祖」として位置付け、考察する記述が多いといえる。臨終の際に願われたことは死後に達成されるという信念を、日本人のもつ死生観の一要因として考えていたように、柳田（1946）は、日本人の思う本来の「幸せ」を「この世」にではなく、死後、先祖になって子孫により永久に祀られることにこそ求めていた。そして、孤独に陥ってもすべての生者は、先祖と関係を有しているとまで断言している。死者との関係性について論じる際に、このいわゆる先祖観は決して無視できない現象であり、本題と密接に関わっているものであろう。

柳田（1946）のいう先祖とは、子孫の近くにある小高い山からその子孫を温かく見守り、ときには子孫を訪れ、交流するというものである。しかし、このような先祖像に対して、避けるべき恐ろしい死者というイメージが間違いなく存在している。死んで間もない死霊は不安定であり、その死霊が誰かを「あの世」へと連れていくことを防ぐために、様々な習俗が行われてきた。ましてや現世に何らかの執着をもっているのなら、よほどの恐るべき存在となってしまう。このことは怨霊などにまつわる民俗や多くの伝説が物語っている。だからこそ、本来の意味での葬送儀礼としての葬式を行い、死霊を慰め、「あの世」へと送る。その後、死者供養を行うことによって、死者の性質が徐々に変わり浄化されやがて先祖になるということである。

日本では、葬儀の延長線上に位置する四十九日供養後、年忌供養を三三年、場合によって五〇年にわたって行う。最終的には、弔《とむら》いあげ(11)と称して、個別性をもった死者の供養を終えることになる。そうすることによって、イエの先祖となり、その個別性が失われる。つまり、柳田が述べているように、「祖霊の融合単一化」がなされる。さらに突き詰めてみると、祖霊はイエの領域を超え、氏神として、そして田と山の神として子孫とそのコミュニティに祀られることになる、と柳田（1946）は考察している。このように、稲作を中心とした日本村落共同体が田植えや稲刈りなどの農作業の前に執り行ってきた儀礼と祭祀は、先祖ないしは祖霊を土台にしており、先祖は日本の神のサブスタンスである、と柳田は考えていた。確かに、祖霊信仰と農耕との強い関連、とりわけ豊穣祭祀と子孫繁栄にまつわる事柄における先祖の役割についてはエリヤーデ（Eliade 1964）も指摘しており、諸文化の事例を紹介している。死者と「土」、つまり各家の土地から「田」を経、「国土」へと展開される関係性についてアリエス（Aries 1977）も述べており、東西を問わず、数多くの文化の根底にあるものとしてみなしてよいであろう。

さて、ここではもう一度死者から先祖（祖霊）へのプロセスについて振り返る。金児（1997）は、穢れを、今もなお有効な重要な概念として、日本人の宗教性を成している一要因として位置付けているが、日本では、死そのものを穢れとして考えてきたため、葬儀を通じて死者を清め、浄化させることが必要である。暴れている死霊が慰められ、鎮座させられるといったプロセスを遂げた「死者」が誕生する。この死者を対象に、年忌の供養や追善供養が行われ、長い歳月を経て、死者は先祖へと変わるプロセスを遂げることになる。確かに、三三年、若しくは五〇年、と期間は具体的に定められているが、名前や戒名（法名）顔などを憶えている、すなわち生前何らの関わりをもっている死者と、先祖代々と融合し、個別性を消失した死者との境目は曖昧であろう。それを踏まえて、本研究では両者を視野に入れ、調査などを進めてきたのである。しかし、先祖となった死者のもつ生者との密接な関わりの背景には、少なくとも三つの条件がある、と桜井（1977）は指摘している。

第一は、イエ制度である。制度としてイエ（家族）が定義されており、その枠組みの中で先祖は重要な役割を託されていた。第二は、宗教的基盤である。先祖崇拝あるいは祖霊信仰を媒介として初めて子孫は先祖との関係を持ち得る、と桜井（1977）は指摘している。そして、第三は、個人またはイエという単位ではなく、集団として、民俗社会として、先祖に関する何らの規制を受けているということである。

しかし、日本の家族、いや社会全体の変容によってこのバックグラウンドは大きな変化を遂げてきた。イエに関しては、日本は、「イエ制度の確立とその永続を理想型とみる社会」からこの永続を主眼にしない社会へと変わったことによって（桜井 1977：194）、先祖の位置付けや役割も大きく変わったということである。制度としての家族から、集団としての家族、いわゆる「近代家族」へと変わったが、個人化が徐々に進んでいることによって、個人を中心とした「脱近代家族」すなわちポストモダン家族が登場した（落合 2000）。近代家族の典型といえば、自由平等と合理主義を家族原理へと取り入れ、親族・同族・地域共同体から独立した単位といった核家族が思い浮かぶであろう。いうまでもなく、個人の側から捉えられる家族の段階に入る以前から、桜井の提唱した文化的・社会的基盤はすでに大きく揺れている。

崇拝の対象となる先祖の役割は徐々に弱まり、その形態も変容してきた（Smith 1974, 1983；藤井 1988；脇田 2008）。もはや明治憲法に記されているイエという単位ではなく、このイエから脱した夫婦家族（conjugal family）の増加に伴って、夫と妻、両者の亡き両親が先祖と認識され、仏壇で祀られている、とスミス（Smith 1983：32）は報告している。だが、今もなお、贈り物や食べ物を先祖と共有し、「先祖の魂を、依然としてその家の居住者であるかのように扱う」という数多くの事例がスミス（Smith 1983：33）により報告されている[12]。さらに、スミスは先祖に話かけるなどの直接的なつながりにも注目しており、中国や韓国とは異なり[13]、先祖との関係性において感情や愛着、それに死者の魂への関心が重要な役割を果たしている、と強調している。そして、これらは日本における先祖崇拝のこれからの方向性を示す要因である、とスミスはまとめている。したがって、姿を変えても先祖や死者との関係は日本人の精神世界、日本人の生き方に大きな影響を与え続けているといえる。

第三項　ロマンチックな死者たち　～柳田民俗への批判～

直接的にせよ、間接的にせよ、スミス（1974, 1983）も間違いなく柳田の影響を受け、一三歳で亡くなった息子が二〇歳になったはずの日、亡き息子の誕生日の日に煙草とお酒を供え、「ようやく成人になった」と説明する父親の話のように、生者とともに「成長」し、生者と親しい関係を維持し続ける死者を描く多くの事例について紹介している。これまで述べてきた死者と生者との関係性も、多少の考察を入れながらも、柳田の説いた学説に依拠しているに違いない。

しかし、晩年の柳田がまとめた『先祖の話』や『魂の行くへ』は決して無視できない批判を受けてきた。客観性を求め、証拠や民俗事例を踏まえながら、慎重に考察を進めようとした柳田の学術姿勢を認めている桜井（1977）や福田（2004）でさえ、一五年間にわたる戦争の影響を受けた柳田は日本の将来、国民の再生を視野に、理想論に近い形で上記の論文を仕上げたのではないか、と述べている。また、柳田自身の主観と民俗的現象が混在している、と山折（1990：30）は強調している。同様に、桜井（1977：229）は、柳田の切実な思いと共に、誰もが高齢期に入ると死や宗教への関心が高まるのと同じように、晩年の柳田自身の死霊観・他界観も彼の論証に映し出されている、と述べている。それに加え、日本人のイメージする神の本質とは先祖であり、正月の神も田の神も盆に去来するのも先祖であるという柳田の論証には、無理があり、検討の余地が大きい、と福田（2004：62）は批判している。さらに、柳田の説を受け入れ、評価している梅原（1989）も、基層文化に関して考察する際に、沖縄に注目した柳田が、アイヌの文化、または稲作をもたらした弥生時代以前の縄文文化の影響を見落としている、と指摘している。

考察の諸段階、またはたどり着いた結論に対して、批判的に分析して修正することは、学問の発展に不可欠なプロセスである。上述した指摘も柳田の学説に対して異論を唱えるというより、論証や検討の弱点を指し修正しながら考察を深めているといえる。だが、ここで注意すべきことは、柳田がほとんど触れていない遺体や遺骨にまつわる諸相である。遺体および遺骨に対する観念は、日本的死生観の本質を成している、と山折（1990）は考えている。故に、遺骨を対象とした信念・信仰を自分の日常の中でも頻繁に接しているはずの柳田は、なぜ霊的側面ばかりに注目しているのか、といった疑問を抱き、山折（1990：32）は論じている。たとえば、沖縄における洗骨について論じる際に、柳田は、それを改葬と考え、先祖との関係を保つための装置として位置付けた。遺骨そのものへの関心、それを対象とした祭祀・信仰に言及しなかった点を、山折は強く批判している。万葉集の具体例をはじめ、折口[14]などを引用しながら、山折は、魂魄[15]の概念、遺体の重要性、遺体に払われた注意などについて論証している。肉体と霊魂が分かれ、死後、魂のみが存在し続け、やがて蘇生するという柳田に対して、山折（1990）は、魂だけでなく、遺体、遺骨も甦るために必要不可欠であり、日本人の死生観を形成している、と主張している。

日本では、二〇〇九年、脳死が認められた時の臓器提供を可能にする法律がようやく成立した[16]。それまでは、遺体への執着、遺体を重視する文化が要因で、日本人は脳死後の臓器提供に反対している、と説明されてきた（池波 1991：ベッカー 2000）。また、異国で戦死した日本兵の遺骨への関心が挙げられる。それに、山や海で遭難した場合、異国の捜索チームは諦めても、日本人だけが探し続けており、生存している可能性がもはやないにもかかわらず、遭難者の遺体を探し求めるというのも、遺体・遺骨へのそうした関心を象徴するものとしてしばしば取り上げられている。

この遺体・遺骨を対象とした信仰はどこからきたのかについて、加地（1994）が独自の学説を用意している。元々日本列島にはなかったものであるが、儒教と共に中国から渡ってきた、と加地は分析している。仏教やキリスト教のような他界観をもたない儒教では、すべては現世の中で完結され、死後もなお魂魄の魂も魄も現世に留まることになる。墓を中心に魄、すなわち白骨を管理し、招魂再生と称して、魂を呼ぶことによって肉体と魂が再び一体化し再生を果たすという考え方である。再生に必要であるがゆえに、重視され、信仰の対象となる遺骨、山折（1990）の提唱した遺骨はここにある。遺骨そのものに魂が宿っているからこそ、信仰対象となっているといった誤解は多いが（加地 1994：54）、遺骨を重視した考え方は、日本文化にも通ずるに違いない。一方、日本でこの遺骨を無にする火葬が多いという指摘は、加地の主張を根倒しできるのでないかと考えられる。それに対して、加地（1994：36）は、葬送儀礼の形態について分析しながら、火葬の場合でも、喉仏のような遺体の特徴的なところを拾い上げ、それを祭祀の対象にする習俗を挙げている。

だが、加地（1994）は、「草葉の陰から見守る」先祖、つまり死者の魂はこの国に留まり、遠くへは行かない、という柳田の提唱した学説を否定していない。柳田の考えた日本人の死生観、生者と死者との交流には、儒教の影響が反映されている、と加地は繰り返して強調している。それに加えて、霊的次元のみならず、魂魄、とりわけ肉体の次元も重要であるということである。これまで述べてきたように、土着宗教を含む日本の基層文化、仏教、それにスミスが論じる国家神道や明治憲法の影響のほかに、儒教も重要な要因であり、日本人の死生観、日本人がもつ生者と死者との関わりに関する意識や感情を形成しているということになる。

佐藤（2008）は、この遺体・遺骨に注目しつつ日本文化史における死者の行方を追っている。そして「『死者が身近に留まる』という柳田のテーゼは、今日、死にまつわるもう一つの常識と化している『日本人は骨を大切にする』というテーゼと、まったく接点をもたないのである」とまで提言している（二〇頁）。佐藤は、古代から今日に至るまで、まさに遺体の処理、葬送儀礼の形態を中心に、大変興味深い分析および考察を行っている。遺体に最低限の関心すらもたなかった古代から出発し、資料や事例を挙げながら、丁寧に論じている。その中で、各々の時代において形も意味合いも異なる葬送儀礼、そして異なる死者の位置付けが浮上してくる。それを踏まえて佐藤は、右記のような現世と他界の構図を示している（図11）。佐藤（2008：216）が指摘しているように、現代人にとって近代化とともに次第に重視されていく現世中心思考に対して、他界はますます意味を失っていく。この現象は葬送儀礼の有様に大きな影響を及ぼしており（山田 2007：関沢 2002：222）、死者との関わり方を規定している重要な一要因である。要するに、死者を他界（死後の世界）へと送るという意味合いが弱まり、他界そのものも軽視され若しくは無視されつつあるということであろう。

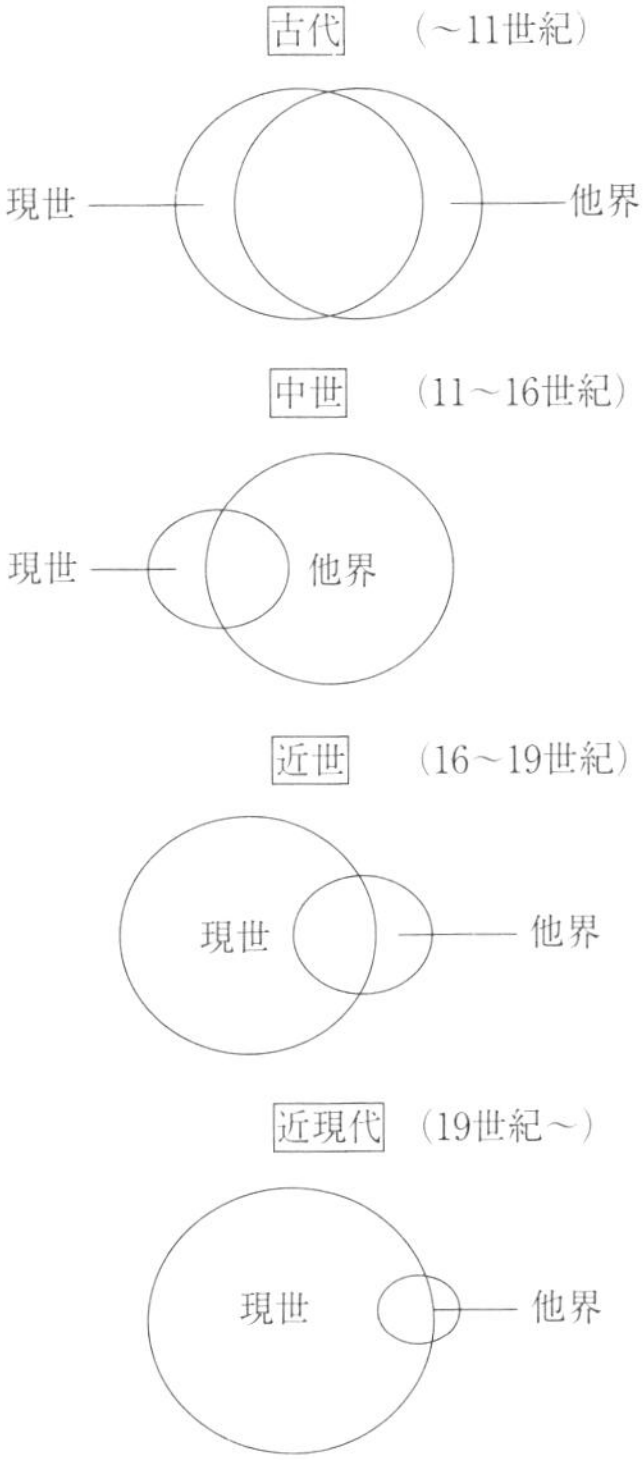

図11　変動する現世と他界の構図
（佐藤 2008：217）

第四項　変わるもの、変わらないもの　〜まとめにかえて〜

現代社会における死者と生者の関係をめぐって語る際に無視できないことは、伝統的な葬送儀礼の有様の変遷である。大きく揺らいでいる葬儀について山田（2007）が詳しく報告しているが、ここでは、死者とのつながりに注目したいと考えている。現代における死者は、「注意深く死後の世界への旅立ちの儀礼を施さねば死者が祟る死霊となりかねないという恐ろしい存在から、個性をもつ親愛なる個人として記憶される存在へと変わってきているものと考えている」と関沢（2002：224）は指摘している。たとえば、祟りを恐れ長年にわたって屋敷先祖を対象とする供養を行ってきた家来筋の事例も報告されているが（徳丸 1990：真野 2009）、恐ろしい存在である死者という観念は希薄になっているのである。さらに、死者と生者の接点を探る宮家（2007）が強調しているように、死者を他界に送ることに重点が置かれていた伝統的な葬儀に対して、「現代の葬儀は、偲ぶ会にみられるように、死者の業績を称え、その仕事の継承を誓うというような、現世中心の世界観にもとづいていると考えている」（宮家 2007：821）。

これらの現象の背景には、死亡場所の変化があると考えられる。図12で示しているように、一九七〇年代後半に日本は転換期を迎えたのである。自宅で死亡した日本人が初めて病院で亡くなった日本人より少なくなり、二〇年も経たないうちに、その差はかなり著しくなった。在宅ホスピスを広める運動が最近になって多少目立つようになったが、今もなお、ほとんどの日本人は病院で最期を迎えており、病院は死亡場所として常識化されつつあることさえうかがわれる。このように、身近な死は日常から消え去り、死のタブー視、家族や親しい人の死を語れない社会となった。一方、序章で紹介しているように、戦場や事故現場の死、ゲーム内の死の溢れる社会、つまり死のポルノグラフィーと呼ばれる現象がみられる（Gorer 1955）。これは、日本のみならず、先進国と呼ばれる数多くの国々が抱えているものである。

ただし、日本人は、死をめぐる豊かな文化を発展させ、急激な高度経済成長期を経て今もなお、その伝統的な形をある程度保持できているといえよう。「日本人において、何よりも死者供養は人間関係の保持に有効である。それは、死者が常に生者に優越し、生者の間に存在する利害の対立を死者は敏感に悟るものだと日本人がみなしているからである。日本人において、死者は何よりも忘れられてはならない存在なのである」と波平（1990：6）は述べている。現

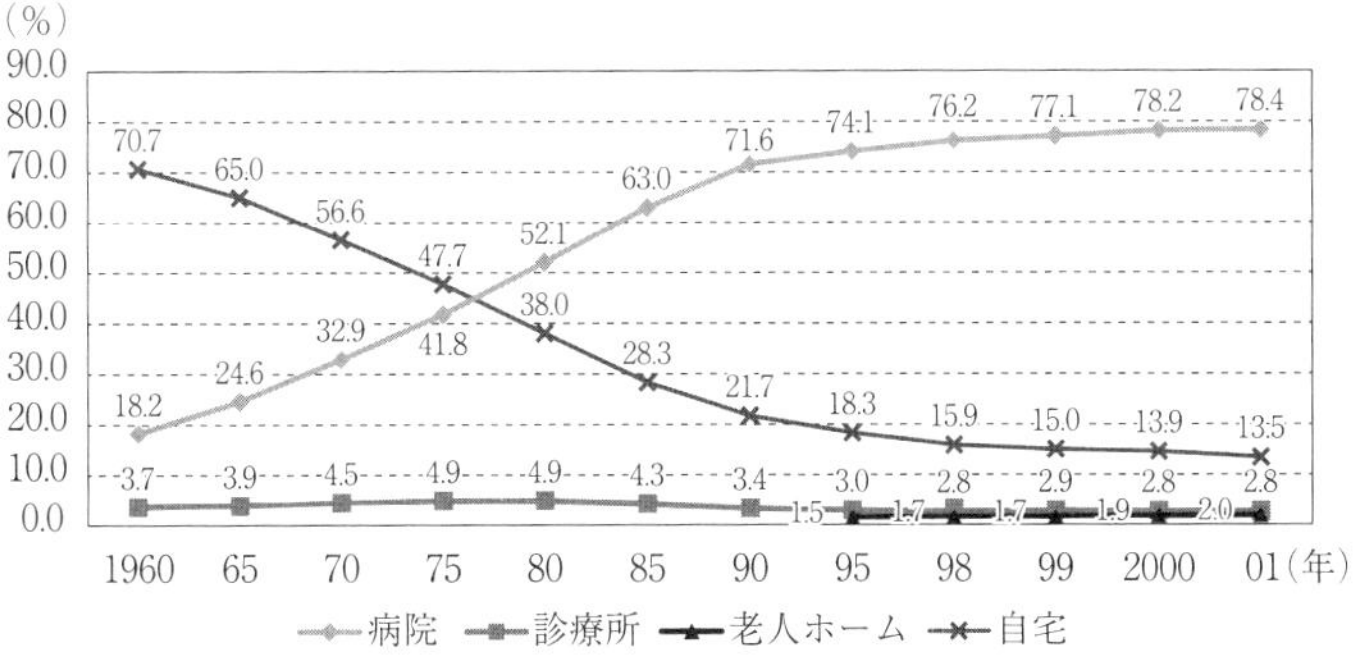

図12　日本人の死亡場所
（平成13年人口動態統計　統計局）

代医療の人類学の視座に立つ波平によると、日本人は死後の世界観や死者の霊魂のあり方について、現在では明確な観念やイメージをもっていないが、死者の霊魂は信じている。さらに、死者の幸・不幸、安定・不安定は遺族の幸・不幸、安定・不安定に直接影響すると信じている、と上記のテーゼを裏付けながら、波平（1990）は分析している。

『他者／死者／私』（2007）などで哲学と宗教の観点から社会全体にとっての死者の役割や死者との関係性などについて興味深い考察を行っている末木（2009）は、「日本宗教史と死の臨床」で次のように述べている。人は死んだあと、「通常の意味でコミュニケーションはできないけれども、完全になくなってしまったとは考えられない。お盆に帰ってくるかもしれない。何らかの関わりをもち続ける。だから、死者こそは了解不可能でありながら、関わりをもたざるを得ない他者の典型ということができる」（末木 2009：27）。

波平（1990）と末木（2009）、両氏の見解は、柳田（1946）の学説とさほど離れていないように思う。むろん、とくに民俗学の中で蓄積された研究を通じて、死者をめぐる様々な現象の変遷が現実として浮かび上がっているが、根底に残っている死者に対する感覚、まさに日本的死生観の一部は、依然とし

て有効であるといえる。このことは、今日まで残っている多くの民俗現象も物語っている。冥婚を通じて死者と語り、死者を慰める事例は、とりわけ東北地方から報告されている（金本 2001；小田島 2009）。普段、足を踏み入れることのない死者の宿る近くの小高い山、まさに境界のような空間へ一年に一度だけ入り、死者と交流し、死者との密接な関係を表した「もり供養」も依然として執り行われている（鈴木 1995）。だが、行事のみならず、日常場面についても同じである。鈴木（2005）は、仏壇はともかく、遺影に話しかけたり、供物を捧げたりする日本人は未だに過半数を占めている、と実証している。死者との関係性が本質的要素として含まれている民俗行事は枚挙に暇がない。

事例だけではなく、意識調査の結果でも、葬儀に対する習慣化と共に死者をめぐる意識に多様化がみられているものの、「お盆に死者の魂は帰ってくる」などのような要素に関しては、依然として肯定的傾向が強いと報告されている（小谷 2003）。さらに、具体的な他界観や死後の世界の明確なイメージがなくても、神仏ではなく、臨終の際には死者がお迎えにくると信じ、こうしたお迎えの体験を語る日本人は依然として多い、と報告されている（諸岡ほか 2008）。また、川島（2007）は、老年期の浄土真宗僧侶を対象に、「死者と生者を結ぶ物語」を求め、先立った人との浄土での再会に注目している。浄土真宗特有の他界観を土台にしているとはいえ、実証的研究を通して、「『一つになっていくこと』や『どこかで繋がっている』という意味づけによって死者と生者が結びつけられているのである」（一六一頁）、と死者との関係性を浮き彫りにした。

以上のことから、今日の日本社会において生者と死者とのつながりは存続しており、両者の関係性を成り立たせる感覚と概念は今もなお有効であるといえる。これは、死者を、日本人のもつ異界、若しくは異界との境界に位置付け、両者を結ぶ関係の有様、とりわけネットワークの構造の明確化を試みた本研究の充分な裏付けになると考えられる。しかし、「とくに高度経済成長によって、経済生活は豊かになり、技術は進歩したが、農村も山村も漁村も崩壊し、共同的な社会がなくなり、神への尊敬、妖怪や死者に対する親近感、動物との共存などもなくなった」と谷川（2010）

はかなりの危機感を示しているように、現代の日本社会では、死者との「共存」が失われつつあるということである。したがって、本研究の主な対象となった大正生まれの世代における死者とのつながり、死者との共存の中で生き方を書き留めることには、意義があるといえよう。

注

（1）本項は、郷堀ヨゼフ（2008）「日本の高齢者を取り巻く諸相」新潟県地域総合研究所ブックレット、新潟県地域総合研究所に寄稿した拙稿の一部を加筆改稿したものである。
（2）日本で紹介されたコンボイ概念の詳細は藤崎（1998）を参照。
（3）本項は、郷堀ヨゼフ（2010）「終末高齢期を支える大切な人とのつながり～生者と死者から成り立つネットワークに関する一考察～」『仏教看護・ビハーラ』四・五号、一七六―一九一頁に寄稿した拙稿の一部を加筆改稿したものである。
（4）主たる概念としての「Sense of coherence」は「首尾一貫感覚」と翻訳され、日本に導入された。詳細は、アントノフスキー（2001）あるいは山崎喜比古ほか（2008）を参照。
（5）本項は、郷堀ヨゼフ（2010）「終末高齢期を支える大切な人とのつながり～生者と死者から成り立つネットワークに関する一考察～」『仏教看護・ビハーラ』四・五号、一七六―一九一頁に寄稿した拙稿の一部を加筆改稿したものである。
（6）米本らは提唱しているように、死生観や価値観などは五〇～一〇〇年の単位で極めてゆっくり変遷していくことから、ここで問題にしている意識は、高齢者世代において著しく残存していると推測できよう（米本 1988）。
（7）本項は、郷堀ヨゼフほか（2009）「介護施設における高齢者の社会的ネットワーク ～介護理念・地域性・家族関係・性別等による影響の観点から～」『教育実践学論集』一〇号、一五九―一七〇頁に寄稿した拙稿の一部を加筆改稿したものである。
（8）対象者人数は五二名（n＝52）。男女割合について、七六・九％は女性であり、男性は二三・一％であった。
（9）最年少は七〇歳で、最高齢一〇〇歳であった。
（10）「Ancestor worship」に相当する語として「祖先崇拝」が用いられるように、先祖にあたる単語として祖先もしばしば使われている。だが、福田が指摘しているように、英語の「ancestor」の訳語として「祖先」が登場してきたが、日常の場面、信仰の対象として、民俗表現として相変わらず「先祖」が主流。したがって、「日本を対象に考察する際の学術用語として先祖を採用すべきである」と強調（福田 2004：9）。本研究の対象と目的からしても、「先祖」は適切な表現であると考えられる。

(11) 〈とむらいあげ〉。地域によって名称が異なる。

(12) 筆者による翻訳。

(13) 「祖先崇拝」は東アジア領域、儒教の影響を受けた文化圏の共通点として挙げられているが、周知のように、国によって有様が異なる。同じ姓をもつ宗族単位とする中国に対し、祖先崇拝が根強く残っている韓国では、崇拝の対象となるのは、自分の直接の祖先のみである。ただし、祖先崇拝をめぐる国際比較は本研究の範囲を超えているため、ここでは、これ以上触れないことにする。

(14) 折口信夫『死者の書』青磁社、一九四三年。

(15) 「【魂魄】〔コンパク〕一般には人間の魂魄を意味するが、中国において本来は、人間の体内のエネルギーである気を司るのが魂、形態を司るのが魄と呼ばれていた。前者は陽、後者は陰に属するとされ、人間が死ぬと、両者は分離して上下に飛散するとも考えられてきた。」『ブリタニカ国際大百科事典』二〇〇七年。

(16) 平成二一年七月に臓器の移植に関する「臓器移植法」の一部が改正され、平成二二年一月一七日より順次施行されている。臓器提供の意思が不明であっても、遺族による承諾が可能となり、脳死判定の要件も改正された。

第二章

村落社会における生者と死者のつながり
～主に大正生まれ世代を対象としたフィールド調査の視点から～

この研究の対象となった地域は死者たちをめぐる特殊な祭祀をもっていない。たとえば、瞑婚を中心とする行事やイタコを囲んで故人とのコミュニケーションを取ろうとするような特別な習俗もない。一見、ごく普通の地域にみえる。北東側には西頸城《にしくびき》の小高い山に囲まれて小さな集落が散在しており、鮎と鮭の釣れる能生川が流れる谷もそこに広がっている。その反対側には、一〇〇〇メートルを超える鉾ヶ岳《ほこがたけ》と権現岳《ごんげんだけ》が荘厳にそびえたっており、そのさらに裏から頸城山塊の火打山や北アルプスの山々が顔を出している。日本海の波が激しく打ち寄せる漁師たちの町から入って、スーパーや商店街がぽつりぽつりと並んでいる町並を抜けると、山に包み込まれた谷には無数の水田がみえてくる。山の斜面にも田んぼや畑がポツポツと散らばっている。山の方に進むと、里山の風景が広がり、杉の森が棚田に裏地を付けているようにもみえる。ときには、茂みや竹林に見え隠れする墓が姿をあらわし、茂みに潜んだわびしげな神社、また、寺院の堂々とした大屋根もあちこちにみえる。多くの日本人がイメージするふるさとのような場所はここにあるのかもしれないが、能生谷は北陸高速道路と建設中の北陸新幹線の高架によって切り裂かれ、山の奥にはスキー場やゴルフ場もあり、決して時間の流れが止まった野外博物館のようなところではない。この地域を選択した理由についても、同様である。里山浪漫を求めて選んだわけではない。農業を中心とする村落であり、いわば伝統的なところを残しつつも、現代的生活はそこにあると考えたからである。言い換えれば、都市部ではすでにみえなくなった様々な関係性がまだここでは観察できるだろうと考えてこの地域に焦点を当てたわけである。

これよりは、フィールドワーク、インタビュー調査とアンケート調査の結果について述べ、考察を付け加えていくが、生者と死者とのつながりを、観察可能なものと観察不可能なものという順番で論じていくことにする。そうすることによって、対象地域に住む人々の行動とその背景にある意識、感情と思いが次第にあらわれてくるだろう。つまり、外面から内面へと進むような形で、眼にみえる現象に内在する事柄をたどっていくことが可能になると考えている。したがって、まずは主に観察したものを土台に生者と死者の相互作用について述べ、日常の場面と非日常の場面に注目する。次に、インタビュー調査の結果を中心に、生者と死者との関係性の有様やその具体的な姿と背景にある感情と意識について論じたうえで、死者とのつながり、すなわち異界とのネットワークを構造化する。最後に、死者とのつながりや死者の位置付けを、アンケート調査の結果を通して複数の世代の視点から吟味していきたいと考えている。

第一節　死者と生者の相互作用　～フィールドワークからみえたもの～

第一項　日常に潜む死者たち

フィールドワークやインタビューの謝礼として菓子を渡すと、受け取った対象者がその菓子を最初に仏間へと持っていき、そして仏壇に供える。何度もこの光景を目にした筆者は、次第にこれを「日常」として捉えるようになった。だが、考えてみれば、これらは現在の多くの日本の若者にとって日常ではなく、ましてや筆者の母国であるチェコやその他の欧米諸国では決して目撃できないことである。むろん、対象地域においても、高齢者が受け取った菓子などを仏壇に供物として捧げる割合は一〇〇%に近いのに対し、仏壇を所有しても供えようともせず、自分の日常や自分の生活空間には仏壇がそれほど重要な役割を果たしていないとまで推測できる若い世代の人も対象地域には大勢いる。繰り返して述べるが、供物を捧げるか否かについては、良い悪いという評価は決してしない。もっとも注目したいことは、その供物の対象である。仏壇とはいえ、本地域ではホトケと称される場合が多いが、供物を受けるのは先祖、つまり死者である。対象者の誰一人も「阿弥陀如来に捧げた」などと口述していない。客が訪れると、第一に、仏壇を介して、先祖にそれを報告し、もらった菓子などを先祖すなわち死者に供える。この習慣は、能生地域にまだ根強く残っている。

仏壇を中心とした供物から出発したことは偶然ではない。類似した場面は本研究へと向かわせた出来事でもあり、さらに、対象地域の日常において最もはっきりとした形で死者との関係性を現していると考えている。田んぼでマムシを素手で捕まえ、一瞬で皮を剥いて内臓を出すような、一見して無情な男性でさえ、稲刈りの合間にコーヒーを啜りながら、音色を変えて死者を自分の拠り所として語っている。その理由もまた比較的はっきりとしており、先祖のおかげで私たちは生きているという旨の話をしている。このことについて、P氏【男性、84歳、自宅、真宗】は次のように述べている。

〔まあ（笑）、祖先があって私は今ここにいる。結果的には、二人の親があって、二代、三代、三〇代…そういう人たちのおかげで、今、自分がいる。そういう人たちの恩恵で、おかげで、今私たちがいる。こうだぞというんじゃなくて、自然に私たち手を合わして、理由はどうかしらんけど、わたしらはホトケを信じ、そういう真理のおかげで、我々生きとるんじゃなく、生かされているんだ。手を合わして、合掌するというか、したがって、まあ、宗教というのは、何のわからんけど、ホトケであれ、祖先であれ、今こうして生きとるのはそういう存在の恵、恩恵のおかげだ、感謝というか、ありがたさというか、ほんと生かされとる。私の中で、ホトケの前に行かないで朝食を取るというのは、ありえない。〕

このような行動の背景には、むろん、宗教的基盤があるが、もう一つは、相続的要因があるだろう。農業を中心とする地域だからこそ、畑や水田、土地などが受け継がれ、大切にされてきた。イエ制度や跡取りなどのような概念の有無を問わず、農業を営むうえで、先代の人々がこれまで成し遂げたことを受け継ぎ、続けていくことは重要である。とくに、棚田や天水田の場合、稲作を止めてしまうと田んぼはすぐに荒れてしまい、土砂崩れなども起こりやすくなる。しかも、土地ばかりではない。稲作の方法も受け継がれており、先代とのつながりを意識させているといえる。農薬と農機の普及とともに、農業のあり方はずいぶんと変化してきたが、約五〇年前に遡っても基本として行う作業はほとんど変わらず、ほぼそのまま受け継がれている。有機栽培のような新たなことに挑戦する農家でも、〔親父と大して変わらないやり方で米を作っとる〕と話しているように、形を変えながらも、継続しているといえる。これらをまとめているかのように、K氏【女性、91歳、自宅、真宗】は下記のように語っている。〔家（ウチ）、土（ツチ）、それをわたしらが受けただけです。祖先からいただいた。ここにちゃんと祖先にお参りしなければならないし…わたしら、祖先から全部いただいたね。〕

生活の基盤を成す農業と死者との関係性をめぐってもう一つ見落としてはならない事柄がある。それは、水の権利のような決まりごとである。川や水路の流れる谷あいはともかく、八月になると水が少なくなる山の天水田などの場合、先代の人々が決めたことやつくったことを今もなお守る傾向が強いように考えられる。とりわけ日常生活と稲作に欠かせない水源、すなわち水の権利に関する細かい定めを重視することが多い。所有している土地の地下にある水源すべては余所の家のものであったり、先代が余所に譲った天水田とともに水源が失われたり、様々な話を耳にする。このように、死者はかなりの権力をもち、子孫、すなわち生者への生活に影響を与え続けている。

さらに、農業もさることながら、家族構成についても死者との強い関わりを見出せる。家族社会学者により脱近代家族、つまりポストモダン家族への転換期が宣言されたが（落合 2000）、対象地域に住む高齢者において「本家」と「分家」のような言葉が頻繁に使われており、イエ制度は決して無効の概念ではない。各家の先祖を中心とする構成は高齢者の意識のみに内在し、残存しているように思われるが、今日においても、葬式などの行事の席順をめぐる本家と分家の順位の問題のように、突然あらわれ、現代人を困らせることは少なくない。要するに、イエではなく家族単位あるいは個人単位へと重点を移そうとしている現代人の生き方と先祖を重んじるイエという組織の間に歪が生じており、死者と生者との関係性を家族構成に反映させた組織は、現代の生活に合わなくなってきっているということである。このイエ制度に基づいた意識は、本調査で注目した大正生まれ世代とともにやがて姿を消すであろう。

もう一度、仏壇を介して祀られている対象に触れたいと思う。上述したように、ホトケまたはホトケサンと称してはいても、この言葉は先祖すなわち死者を指している。これは、供養を終えて成仏を遂げていない死者に対しても同じである。毎朝仏壇を拝み、〔今日一日、幸せに、仲良く…〕と願うB氏【女性、83歳、自宅、禅宗】は、その対象について〔じいちゃんというか、おじいちゃんでね、その人ね、仏壇に、あれ、位牌飾ってあるんで…〕と話し、その死者を身近に感じていることがうかがわれる。また、A氏【女性、87歳、自宅、禅宗】は、

〔こっちの家と分家の、亡くなった人の過去帳があって…代々亡くなった人。二月の月にだれが死んだとか。ここをみて、どこのホトケさまがいつ死んだか。その日にそのホトケサンの命日、お参りする。その月、その月に、お参りする〕

と過去帳を見せながら、話している。故に、仏壇で祀られ、崇拝の対象となっているのは、神仏というより、その家族その家族が出した死者なのである。換言すれば、崇拝の対象は、擬人化されているということになる。これは、読経、つまりお経をあげるという宗教色の濃い行為を一切行わず、仏壇の前で先祖に対する挨拶ないしは供物のみを行うパターンが非常に多くみられる現象と強く関連しているように思われる。

〔私、今も、朝のお茶をあげてホトケさまにこうするというのは習慣です。まだ誰も起きていないうちに、一番に起きて、先に玄関を開けて、ホトケサンにお参りするのは私の日課です〕

とA氏【女性、87歳、自宅、禅宗】が話しているように、この習俗は日常化され、広く行われている。一方、とくに若い世代に注目すると、この現象はすでに衰退化していることが明らかである。対象地域の子どもたちが仏壇そのものを重視しておらず、毎朝、供物等を行わないことは、むしろ自然なことであると考える。しかしながら子どもたちは、このような死者との関わり方をもつ親の世代や祖父母の世代の姿をみながら育っていくため、壮年期や高齢期に入り、このように培われてきた感覚がやがて形や行動となってあらわれてくるであろう。ここで課題となるのは、今の子どもたちの親の世代である。なぜならば、今の子どもたちの親の世代に所属している成人の多くは、自宅の仏壇を中心とした供養を次第にしなくなっているからである。インタビューを終えた後、対象者のB氏【女性、83歳、自宅、禅宗】と彼女の同居している息子の間にあったやり取りは象徴的である。

B氏の息子：寺ね、粗末するとまでいわれんし…そういう宗教的なこと、あまりそういう心境にならないというか、昔、そういうしきたりなんで、それに逆らうこともないけど、お参りすれば、病気が治るとか…
B氏：おいらみたいな昔なものって…
B氏の息子：お葬式、昔から葬式やっていたけどさ、やらんでもええとまでいわれんし…
B氏：田舎の習慣、しきたりというか…
B氏の息子：うちのおかあさん、今、具合悪いけんど、ホトケサンに助けを求めてもね、何も返ってこないね。お金のほうがよっぽど…　朝、お茶と水とご飯をあげるといわれるけど、今やらんね…なんというか、そこまでねぇ…
B氏：そうね、やめたね。
B氏の息子：本当に困れば…よりどころがないと、人間つぶれちゃうけど、いつかはよくなるだろう、そういう信じて、お参りして…
B氏：お参りしてね…

上記のように、仏壇や仏壇を中心とした供物などのような行為に意義を見いだせないこと、そして現代人の生き方には合わない部分がはっきりとみえているだろう。しきたりや古い習慣に逆らうようなことはしないが、とB氏の息子は強調している。ただそれが形のみになっており、彼にとってほとんど意味を成さないものとなっている。一方、いざという時は、人間の世界を超越している何か、つまり拠り所の必要性を彼は認めている。

さらに、仏壇を介して死者とのコミュニケーションを取ることの妨げとなるのは、高齢や疾病による入院ないしは介護施設への入居である。調査に応じた自宅在住の高齢者全員は仏壇をもっているのに対し、介護付き住宅に移住した対象者における仏壇の所有率は著しく低下している。ましてや介護施設の利用者ともなると、仏壇の所有者は皆無に等しい（郷堀 2010）。以前住んでいた家には仏壇があり、かつては毎日お参《まい》りしていた、という対象者は、施設入居と共にこの媒体を余儀なく奪われた。〔やっとった。みなもね、ようやった〕と介護施設利用者のH氏【男性、89歳、施設】は、かつて仏壇の前で手を合わせて先祖を拝んだことを話していると同時に、現在、施設内に仏壇がないことにより、〔しない、しない〕と首を振って、今は死者に対して振る舞わないと語っている。施設利用者が死者に対して抱いている思いは別として、彼らの日常生活に包含されていた死者、その媒体となる仏壇が生活空間から姿を消した。その対応として、親せきや家族に仏壇の管理を委託するなど様々である。だが、いずれにせよ、仏壇という媒体を失うことによって死者とのつながりは希薄化されてくるということになる。

一方、介護付き住宅に住む対象者の場合、高齢にもかかわらず、比較的健康であるため、多くの人は以前住んでいた家に通い、お参《まい》りをするという。〔仏壇が部屋にはないけんど、実家が近くあって、毎日お参りしてます〕とY氏【女性、84歳、ケア、禅宗】は口述している。または、仏壇をそのまま持ち込まないまでも、その一部だけを新たな居住拠点となる介護付き住宅に設置する人は少なくない。E氏【女性、86歳、ケア、真宗】は〔実家に仏壇、大きい仏壇があって、ここに主人だけ（を）もってきてるんです〕と話しており、夫や妻の位牌のみを部屋に安置する習慣がみられた。亡き妻の遺影と位牌を部屋に安置しているU氏【男性、91歳、ケア、真宗】は、その理由について〔だれもおらんうちにあってもしょうがないと思って…もってきた〕と話している。ただし、そうすることによって、〔今、うち空っぽせぃ。お仏壇も空っぽだし…〕と、以前住んでいた家に通う理由を同時に失い、その場所とそのコミュニティから隔離されていることがうかがわれる。遺影、亡くなった配偶者やきょうだいなどの写真を部屋の隅に飾り、その横で線香を焚くなどの行動が広くみられた。これは、実質的に仏壇と同様の役割を果たしていると考えられる。つまり、指摘されているように（山田 2002；鈴木 2005, 2010）、近年、位牌よりは遺影つまり死者の生前の姿を写したものの方が重んじられ、依りどころとしての働きをみせる傾向は、本調査の対象者においても確認できた。さらに、既存の仏壇とは別に、小型の仏壇を新たに購入し、部屋に安置する対象者もいた。F氏【女性、83歳、ケア、真宗】は、〔普通のお仏壇はお家にあるんです。でも、西本願寺でお参りしたとき…高かったのよ…二万円もしたのよ…こんなちっちゃいのが…小さいの（を）部屋に置いてます〕と話しており、仏壇が対象者の日常空間において果たす役割がうかがえる。

次節ではとくにこの仏壇を介してなされている死者との具体的なつながりについて述べるが、以上のことから、死者との関係性の象徴的存在であり、その媒体である仏壇の姿が浮き彫りになった。

次に、墓に触れたいと思う。墓を日常として捉えるのか、それとも非日常の要因として考えるべきなのか迷いに迷った末、日常空間の一部として考えることにした。なぜならば、対象地域における墓とは決して生活空間から離れた遠いものではないからである。多くの場合、墓は敷地内に位置しており、ごく身近な存在である。さらに、両墓制について論じた際にも触れたが、この「身近な」墓には遺骨はないのである。浄土真宗の門徒は、遺骨を本山に納め、遺骨のない墓は供養の中心となり、死者の一つのシンボルとなる。このように、死者は「この国の中に留まって遠くへはいかぬ」との柳田（1946：196）の言葉通りになるのであろう。頻繁に供養などを行わない場合でも、蔵の脇に墓があることによって、死者の存在感が感じられると考えられるからである。
藤井（1988）は、墓を、仏壇や位牌と共に「見える他界」と位置付け、仏教の説く極楽浄土などに代表される抽象的な「みえない他界」と対立させた（一〇八―一〇九頁）。わかりやすく、かつ身近な死者のシンボルとしての墓は、生活空間の中で境界すなわち異界と重なり合う領域という役割を果たしているように考えられる。「死者は草葉の陰からみている」という言葉があるように、茂った竹林などの昼間でも薄暗い場所に多くの墓は位置しており、生者の生活空間にありながらも、死者の領域にも入っているという両義性を帯びているように思われる。そこに死者の魂が実際に宿っているとは、おそらく誰一人として考えていないであろうが、死者とのつながりをあらわす媒体として、または、死者と生者の世界が重なり合う境界という装置として、墓は機能していると考えられる。山形県鶴岡市清水地区で執り行われているモリ供養のように（鈴木 1995）、死者の霊が宿ると考えられ、行事以外は立ち入りを禁止する領域は本研究の対象地域にはないが、木々の枝の影に隠れて、薄暗く、山道から辛うじてみえる多くの墓は、それに類似した異界のリアリティをもつように思われる。
欧州では、かつて墓地は町や村の生活中心でもあった教会の敷地内に集中していたが、とくに一九世紀において衛生上などの理由で、村外れ、郊外へと移設され、この状態は今日まで至っている。死者のいる世界、異界を象徴するものが生活空間から遠いところに置かれ、高い壁で囲まれたのは、ヨーロッパにおいてなのである。また、日本の都市部もほぼ同様であろう。寺院の墓地を除くと、多くの霊園は郊外、遺族から随分と離れたところにあるのではないだろうか。それと比べ、対象地域には、墓として形態化された異界は今もなお有効な概念である。インタビュー調査対象者の多くは、墓参りを重んじており、墓の維持および管理を死者に対する自分の責任として受け止めている。J氏【女性、96歳、施設】は、
〔うちに行ったとき、お寺お参りして、お墓参りして、（子どもがわたしを）お墓につれてってくれる。お墓だって、

団長総代しとったから、一番いい場所。建ったばっかだせぃ…」

と話しているように、施設入居後もなお墓に高い関心をもち、墓の場所、墓にかかった金額の話題は頻繁に出る。

大正生まれ世代より若い世代にもそういった意識と責任感が色濃く残っていることがうかがえる。たとえば、雪に道が閉ざされてしまうなど、大変な冬の生活を避けて谷や海岸の町の方へと引っ越した若い家族たちは、以前、家が建っていたところに墓だけを残し、その墓を整備して管理している例が少なくない。生活空間の中での境界とは言えなくなったが、死者や死者の世界を象徴するものとして大切に残されているといえる。また、寺のことや死者のことに普段興味を示さない人でさえ、家族の死に直面して墓の整備などを丁寧に行い、自分と死者との接点の一つとして墓を考えているケースにフィールドで何度も出会った。

最後に、日常性を最も強く帯びている場面に触れることにする。それは、世間話や会話、ごく普通の井戸端会議などである。高齢者ほど死や死者の話題が頻繁に出てくる。思い出話をはじめ、死や病気、それに葬式や法事に関する話に多くの死者が登場し、語り継がれていく。ゴーラー（Gorer 1965）は死による悲しみを語れない、共有できない現代社会を描いたが、対象地域では、死ないし死者の話を避けようとする傾向はあまりに弱い、とフィールドで聞いた無数の会話を通して強く言える。その多くもまた、死者の話を求めてフィールドに入った筆者と交わしたものではなく、地域の人々同士が農作業の合間に語り合っているものである。その中で、息子が死亡した朝、カラスの鳴き声が変だったというような話に代表されるように、死者や死をめぐる古い言い伝えは未だに息づいており、相当のリアリティをもっていることがうかがわれる。この話に登場したカラスのように、常に対象者の身近で日常にあるものは、死などの非日常が訪れるときに、その媒介となって、この二つの世界の間を跨ぐリアリティを帯びているということである。

第二項　非日常の場面における死者と生者との相互作用

墓は、日常空間に位置しながら、盆行事ないし葬儀などにおいて非日常場面の中心となる両面性を確かにもっている。ここからは、非日常における死者と生者との相互作用、関係性について述べるが、まずは葬送に触れることにする。繰り返して述べるが、本論は葬送儀礼のこと、とりわけ葬送儀礼の変容などについて吟味するものではない。本研究では、葬式を生者と死者との関係性をあらわす一要素として捉えており、その切口からアプローチしたいと考えている。かつて能生地域では、葬式を「トムライ」と称し、死亡を告げるツゲの役目や北枕などの習俗が行われ、伝統的な葬送儀礼がみられた。湯灌をはじめ、一連の作業を身内ないしは親せきが行った。ほとんどの場合において自宅を舞台とした通夜と葬儀の後、野辺送《のべおく》りの葬列が執り行われていた。詳細については、『能生町史』(1986)に詳しく書かれているが(下・329-330)、対象地域においても北陸地方の伝統的な形態と同様の形であり、同様の作法であった。須藤(1996：9-40)は写真を添えて雪国の葬式について目に見えるかのごとく細かく描写しているが、そのような葬送儀礼がなされていたわけである。

さらに、すでに触れているように、能生地域でも土葬を基本としてきたが、その後火葬を行うようになり、焼き場は各集落にあった。ただし、霊柩車の登場とともに野辺送りは幕を閉じ、一九七〇年代後半に町営火葬場が設立されるのに伴い、薪や藁を使った焼き場も姿を消した。短時間で焼かれることにより、夜の野見舞《のみま》いなどの行事もみられなくなり、骨揚げも翌日ではなく、葬式の数時間後に行われるようになった。ただし、葬送の形態を変えた最も決定的な要因は、葬儀屋の登場である。今日の葬式はもはや身内や親せきが独自に行うものではなく、運営は業者に委託され、葬式等も自宅から式場へと拠点を移しつつある。

しかし、観察した葬送のほとんどは、運営の一部を業者に確かに任せながらも、自宅を拠点にし、喪主の家族や親せきを中心とするものであった。要するに、葬儀屋はある意味で補助的な役割を担っているにすぎないといえる。かって機能していた葬式組とまではいえないが、遠い親せきや隣人に手伝いをしてもらうことなどがよくみられ、一連の作業と儀式を自宅で行う。ここで注目したいのは、死者は必ず自宅へと戻ってくることである。前章で紹介したように、ほとんどの日本人は最期を病院で迎えるが、生者から死者へと変わるプロセスは自宅で行われるのである。通夜や葬式の際に、自宅に集まり、僧侶と共に、身内と縁者は死者を人間の世界から送る。出棺の際に茶碗を割ることに象徴される古い習俗のみならず、生前好きだった煙草や酒など、死者が旅立つにあたって必要とされるものをもたせ見送りする場面を、筆者は何度も目にしている。言い換えると、それは単なるお別れ会でもなく、故人による現世での業績を告げる集まりでもない。対象地域の葬送儀礼は、形を変えながらも、死者を生者の世界から送るリアリティをもっているということである。むろん、葬式・寺参りなどと同時に、初七日などの行事を同じ日に執行するなど、省略化が進んでいる。だが、対象地域の葬送における生者─死者という関係性に関して言えることは、死亡場所が仮に病院であったとしても死者は必ず自宅へと戻り、家族や縁者に送られながら死者の世界へと旅立つということである。

筆者の母国であるチェコでも、いや欧州各国でも、かつては死者を自宅で見送ったうえで、教会にて信者としてもう一度天国へと送る順になっていた。しかし近年、自宅に集まり、自宅で出棺を行うところはほとんどない。さらに、宗教家が関与しているか否かに関係なく、自宅でもなく教会でもない、火葬場内のセレモニーホールを葬儀の舞台とする場合が多くなっている。もはや葬送儀礼ではないともいえる。なぜなら、家族員、信者、そして地域の一員として天国へと死者を送っていたかつての形から現世以外の要素を除外し、本来の意味でのおくりびとも姿をほぼ消したといっても過言ではないからである。

このような文化的背景で生まれ育った筆者は、対象地域の葬儀に立ちあう際に高い関心をもった。なぜならば、異界、死者の世界が今もなお想定され、葬送などの際に形となって現れてくるからである。線香の煙が浄土へ向かって旅立った故人へと届く、と実際にフィールドで耳にした僧侶の法話に代表されるように、極楽浄土の存在を信じているか否かは別として、対象者は自分たちの生活空間、すなわち生者の世界とは別の次元を意識しており、生者から死者へと変わったプロセスを遂げた故人を、その世界へと送るからである。異界の概念を再び用いると、対象地域でみられる葬送は、まさに境界に当たるのではないかと考えられる。旅立とうとする死者に好物や生前使っていた道具をもたせ、一連の作業と儀式を執行することによって、やがて死者が異界へと移る。観察した葬送とは、ある意味では、わたしたちの世界でもなく、かれらの世界に所属しているものでもなかった。その中間にあり、両義性をもちながら不安定なものであった。生者の世界の中で一切を完結させようとし、生者の世界以外の次元(異界)を否定する傾向にある現代の葬式の有様とは対照的である。

葬送儀礼を通じて、亡くなった人が死者となることが初めて成り立つが、この死者を対象に、次の段階として、年忌供養が行われる。新盆をはじめ、葬儀に続いて一連の儀式が行われることになるが、近年、簡略化がみられ、行事をまとめて行ったり、時期をずらしたりしていることが頻繁にある。唯一、時期と形態をある程度保持してきたのは、盆行事である。よって、これより盆について述べていくが、忘れてはならないのは、対象地域が真宗王国であるということである。今日の日本では死者に対して助けを求め祈願するよりは、死者に対して追善供養を行う傾向が強い、と指摘されているが(藤井 1988)、絶対他力による死の救済を中心とした親鸞の教えでは、後者より前者の方に重点が置かれているように考えられる。阿弥陀仏に救済され、極楽浄土に往生した死者に対して追善供養を行う必要性はどこにもないからである。一方、「ホトケであれ、祖先であれ、今こうして生きとるのはそういう存在の恵、恩恵のおかげだ、感謝というか、ありがたさというか、ほんと生かされとる」と前項で紹介したP氏の口述にもあったように(七一頁参照)、あるいは死者に対して感謝しており、「一日一日幸せに生きられますように」という言葉に象徴されるように、死者に祈願する傾向が強いように思われる。

周知のように、真宗門徒の盆行事は地味であり、盛大な迎《むか》え火《び》や送《おく》り火《び》のような行事は一切執行されていない。しかし、以下で述べるように、禅宗をはじめその他の宗派の檀家も、多くの盆行事を次第に行わなくなり、宗派の間に生じる相違がますますみえなくなってきているといえる。

対象地域における盆の時期は、八月上旬に始まる。浄土真宗では「盆講」と称され、各寺院にて檀家の集まりが行われる。盆に向けて準備を始め、盆の時期を告げる行事でもあるが、ご馳走を持ちより、地域の人々の交流の場、宴会の場でもある様子がうかがわれる。E氏【女性、86歳、ケア、真宗】が話しているように、〔今、散らばって、本家とかが。でも、お盆のとき、みんなきて、お寺にきて、大勢の人、珍しい人に逢えてうれしいですわ。みんな、お寺にきます。当番があって、持ち寄りでご馳走してくれるんです。みんな重箱とかもってきて、いろんなおかずが回ってくるんです。もう食べきれないほど…（笑）それが楽しいです…お墓参りとかして、都会の人でも実家にきますわ、お盆ときは〕と普段会わない人や都会に出た人なども集まり、賑やかな雰囲気が漂うようである。E氏自身も、ケア付き住宅に引っ越しているが、「盆講」のような行事を通じて地域の人々との交流が可能となる。

さらに、K氏【女性、91歳、自宅、真宗】とL氏【女性、83歳、自宅、真宗】も、「盆講」の賑やかさと、みんなと一緒に話ができ交流ができる楽しさを語っている。盆の本来の意味より、または死者とのつながりよりは、真っ先に生者とのつながりが思い浮かび、楽しい場面が意識されている。とくに、二人で同時にインタビューへ応じたK氏とL氏の場合、〔お団子もね、一〇月にも団子投げる。すごいですわ〕と団子を共に作り、本堂で投げるという風習について話が盛り上がっていた。

禅宗（曹洞宗）でも、今日もなお真宗の「盆講」に類似した集会を開いている。したがって、個々人ないしは家族のレベルを超え、地域社会、この場合は檀家同士で盆行事に参加しているわけである。この中心となるのは、寺院である。P氏【男性、84歳、自宅、真宗】は次のように寺院の役割をとらえている。

〔寺が四〇〇年以上の伝統をもって、こういうお寺があって、七〇戸、八〇戸があって、集会といって、そういう場所がないと集まれないけど。こっちだと、〇〇寺という大きな本堂をもつ寺があって、そこで、別に宗教的な行事じゃなくとも、何かあったら、集まれる場所として常にあった。いうならば、集落の人たちの集会場。でも、今は各区の公民館があって、集会施設、私も担当者のとき、作ったんだ。この近くに。集会所のない集落はない。今は。だけど、過去に、寺が中心であって、地域の文化というか、いうなら、政治文化も、いうならば、寺を中心にしとった。寺は個人の戸籍まで、みんな寺もって、寺の住職の証明があれば、関所とか、どこの関所でも通れた。そんな権限って寺にあったわけ。いかに、その集落その集落、寺とか神社、神社というより寺に重みがあったんじゃないか。〕

P氏の口述をまとめると、真野（2006）の指摘した門徒と寺院の密接な関わりを読み取ることが可能であろう。さらに、〔結果的には仏教青年会を組織しないかという話がでて、それを組織して、〇〇寺仏教青年会、戦後ですね、それができてて、余所にもね〕とP氏は檀家の組織化について話し、その活動について、

〔基本的には、若いですから、仏教のことわからんから、仏教ってこうだとか、京都の大谷大学のある大学院の総長の方を招いて、お話をきいて、色々講義してもらったり、こっちでわからんことをきいたりして…〕

と述べている。このような活動は本論で注目している死者との強い関連をもっている。なぜかというと、P氏は、

〔結果的には、戦争で、この集落だけでも、小さな八〇戸だけども、数十人戦死しているわけなんで、自分の家庭なり、自分の近所なり、親なり、そんで若くして死んでおる人もいるし、ロシアに連れられて生死についてわからん人は何人かいて、そんな中で、仏教とか死とかに関心があった。今以上に〕

と話し、戦後時代とはいえ、真宗寺院を会場とする集会および組織に内在する事柄に言及している。上記のことから、死者に対して集団として振る舞う場が今日もなお有効であるとするならば、それは寺院やそれを中心とする組織であ

図13　精霊棚《しょうらいだな》

るといえる。寺院に焦点を当てたため、盆そのものから話題が脱線したが、寺院は、現在執り行われている行事の背景にある重要な要素であると考えられる。したがって、盆について論じるうえで欠かせない手がかりであるといえる。さて、再び盆に着目しよう。曹洞宗では、八月一三日は「精霊棚《しょうらいだな》」を出し、野菜や盆花《ぼんばな》(1)の飾りを付ける。次に、提灯を用いて先祖の霊を墓から自宅まで連れてくる。これはかつて子どもの役割であった。「提灯の灯りが消えてしまうと、おばあちゃんが道に迷って来れなくなっちゃう」と子どもの頃に言われ、かなりの緊張感を感じていた、とフィールドワークに応じた男性は語るが、現在、この習俗はほとんど行われなくなった。この家でも、盆提灯を戸に飾っているが、実際には使っていないという。「精霊棚」についても、この習俗を守り、毎年「精霊棚」を作る家は年々減ってきていると言われている。

一方、今日まで根強く残っているのは、墓参りである。本来の形は、一三日の夕方に家族で墓参りを行い、盆花と団子、それに刻んだナスなどを供え、墓に水をかけるというものである。かつて集落によって盆花の種類が異なったり、団子を食べると夏やせしないと言われ、供えた団子を子どもに食べさせたりするなど、様々な習俗がみられていたようである(能生町史 1986：下・324)。また、盆踊りも各集落で行われたと報告されているが(能生町史 1986：下・325)、近年、そのどちらも減少している。最後に、一六日の朝は供物を川や海に流し、盆の時期が終わる。

さて、今日における能生地域の盆は、どのような形をみせているのだろうか。まず、一三日に墓参りや寺参りに向かう途中での家族たちの姿は、依然としてよく目にすることができる。夜になると、寺院や墓にはロウソクの灯りがついており、谷全体が神秘的な雰囲気に包まれている。しかし、送《おく》り火《び》を探しても見当たらないのである。その代わりに、花火やバーベキューの灯りが夜を照らしている。帰省してきた孫を迎えた祖父母の各家の庭では、一家そろってバーベキューなどを楽しみながら、花火を打ち上げているということである。先祖は、花火の派手な灯りと美味しい肉の匂いに導かれ、帰ってくるのかもしれない。これは、決して皮肉でない。村から引っ越していった若い人たちは、盆に合わせて帰省しており、一年に一回しか揃わない家も少なくないであろう。一緒になった姿を先祖にみせ、団子の代わりに肉を食べ、盆提灯に代わって孫も喜ぶ花火を打ち上げる。形は随分と変化してきたが、盆の本質は依然として残されているように考える。そうでなければ、盆の時期に帰省する若い家族たちは、地方の実家ではなく、国内外の観光リゾートや遊園地へと向かうのではないだろうか。だが、対象地域のあちこちを回っていくと、普段見慣れないナンバープレートの車が路上に停まっており、多くの家で今年も帰省した子どもを迎えたことを物語っている。むろん、年々能生のような地域から流出している若年層がどのくらいの割合で盆に帰省しているのかについては検討の余地があるが、遠くから駆けつけ、墓参りと寺参りを行い、盆を実家で過ごす人は少なくないといえる。その中で、入院している老親の代わりに、盆行事を行う子どもの話もしばしば耳にするため、盆にまつわる行事は確かに受け継がれているといえる。

さて、これからは、対象地域における盆の現在の姿について引き続き紹介しつつ、インタビューの口述も交えて盆行事に託されている思いや意識について述べていく。A氏【女性、87歳、自宅、禅宗】は次のように話している。

〔お盆、お正月といえば、お盆は、亡くなった人たち、お正月は神様、小さいときからそう言われていたから、自然にそういう気持ちになった。だから、お盆のときは、一三日とか、あぁ、みなさん帰ってきたかな、みなさんに会えるかな、と思いました。そんでお参りするたびに、亡くなった人たちのことを胸に浮かべてね、それは不思議にね、実家の母親は四歳のとき亡くなった、父親に育てられてきた。母親の愛情というのは私、何もわからない。だからここへ嫁いできて、こっちのお母さんは自分の実母のように、いろいろね。だから、今も、ここのお母さんのことを思

図14　盆提灯

い出して、ああ、こう言われたな、こう教わったな、と思うんで、自分の生活に食い込んで…いろいろ感じますね。義理の母親の方が、ああ、こういわれたとか、いろいろ浮かんできますね。だからお盆の時も、おばあさん、きているかなあ、おじいさん、おじいさんといえば、主人の父ですけど、不思議に、実家よりこっちの人を思うようになった。朝晩お参りしているせいか。〕

上記の口述のように、盆行事を通して死者との関係は再確認され、維持されるといえる。むろん、仏壇を中心とする毎日行うお参りも、その関係性を日常化し、重要な要素に相違ない。だが、浄土真宗の家から曹洞宗の家へと嫁いできたA氏の言葉に代表されるように、〔みなさん帰ってきたかな、みなさんに会えるかな〕と盆の時期に死者が帰り、死者と共に一緒に盆を過ごすという擬人化したつながりがみられる。同じ禅宗の寺院の檀家であるC氏【男性、84歳、自宅、禅宗】が話しているように、〔一三日くるせぃ。オショウライサン、ホトケサンくるせぃ。一六日にお立ちになるせぃ〕と一三日に死者を迎え、一六日に再び死者を送るという概念は、対象者の意識に深く浸透していることがうかがわれる。

さて、浄土真宗の門徒はどうであろうか。「お盆のときに、先祖、亡くなった人は帰ってくるのですか」という問いに対してE氏【女性、86歳、ケア、真宗】は次のように述べている。

〔〈お盆のときに、先祖、亡くなった人は帰ってくるのです〉と言いますわね。一三日の晩、くる、そんで一六日の晩、またいく。わたしらそう思います。おる間は朝お参りしてでね、ご飯あげて、一六日にまたあちらへ帰るんだなぁと思うんです。今、うちへきておる、一緒にいるなぁ、一緒にご飯たべとる。うちお帰りになっておる、そう考えとる。〕

さらに、同じ浄土真宗である門徒F氏【女性、83歳、ケア、真宗】も盆の過ごし方について〔お墓参りして、近くていいです。(笑)お団子作って…みなさんが向うから帰ってきますね〕と述べ、さらに、迎《むか》え火《び》の行事について〔しないんです。浄土真宗はしないんです。そんでも、気持ちはね〕と話しており、行事、すなわち形となってあらわれてくるのではなく、内面において先祖、死者を迎えることがうかがわれる。これに類似した口述を、他の門徒もしているため、宗派を問わず、盆に死者の魂が帰ってくるという概念は広く共有されているといえよう。

さらに突き詰めてみると、浄土真宗独特のパターンがはっきりとみえてくる。P氏【男性、84歳、自宅、真宗】は盆行事について次のように述べている。

図15　盆の時期。禅宗寺院（双原寺）にて

〔浄土真宗はわりと軽いというか、大事な行事は大事だけども…一三日、三日間、お花もってお参り、お墓いってくる。その前、お墓掃除してきれいにして、この辺、お花もってお参りするとか…禅宗だと、いろいろあるけど…門徒ではそういうことはね、ごく簡単というか。

浄土真宗では、結果的には崇めるというか、在家でも、お寺でお参りする。寺に集まって、ホトケサンにお参りするという伝統がある。盆と正月は寺にお参りする。盆参りというしきたりがあるんですね。昔の人は米二升、昔だと、ものすごい価値のある量だったんです。祖先に対して思いがそこにあったでしょう。ただ、浄土真宗では、申し訳ないけど、あまり祖先の供養は親鸞聖人の教義にはあんまりないんですね。ホトケになるというか、だれかが死んだ人のために、たとえば地獄から極楽へいくような、そういうことは一切わたしらの宗旨にはないという。〕

P氏は、親鸞の教えに近い、本来の浄土真宗の教義に沿った内

図16　刻んだナスを供える。禅宗寺院（双原寺）に

容を話している。しかし、上述したように、P氏は寺院を中心とする組織に若いころから関わっており、一般の人とは若干異なる見方をみせている。確かに、門徒の場合、死者との交流というより、死者に感謝の意を表すことは、宗派の宗旨に近い。だが、盆行事の形をめぐって相違点があったとしても、一般人の感覚として宗派による差はほとんどみられない。

　次項では盆の時期のみならず、生者と死者との関係性がもつリアリティ、両者を結ぶ関係の有様とその背景にある感覚などについて詳しく分析するが、ここではもう一度盆行事の形態に戻りたい。宗派を問わず、墓の掃除を経、墓参りと寺参りに行ってそして僧侶を呼んで読経することが基盤を成しており、観察やインタビュー調査からしても、今もなお広く執り行われていることは確認済みである。介護施設の利用者でさえ、盆の時期に実家に帰る、または盆のときだけは帰りたいという強い希望があるように、盆を通じて再確認される死者とのつながりの重要性が物語られている。盆に潜む死者との強いつながりの証左となるのは、T氏【女性、88歳、ケア】の口述である。親せきとの関係についてたずねると、

「〇〇（集落名）におります。めったにこないんです。お盆に私は行きます。〇〇（集落名）とは縁切れた。お盆ときに限って〇〇（集落名）行ってお寺参り、お墓参りして…行くようにしているんです。まだ、縁が完全に切れているわけではないですね。」

ケア付き住宅に引っ越した後、親せきとの関係が悪化したようであるが、死者との関係が保持されていることが、

盆での彼女の行動を引き起こす要因となっている。

だが、盆とは死者ばかりではない。家族や親せき、さらに地域の人々と一緒になって食事したり話したりすることは、盆行事を支えるもう一本の大黒柱であることが明らかとなった。門徒の盆講のみならず、家族の凝集性を強化するとまでいえる盆の帰省をはじめ、家族や親せきと一緒になって楽しい時期を過ごすという口述が多くなされていた。さらに、「楽しい」や「賑やか」と頻繁に表現され、盆行事におけるこのような楽しい側面を重視する見方も少なくないといえる。一年に一度のご馳走を共に楽しむというのは、話の大半を占めている。下記はこれらをよくあらわすJ氏【女性、96歳、施設】との会話の一部である。

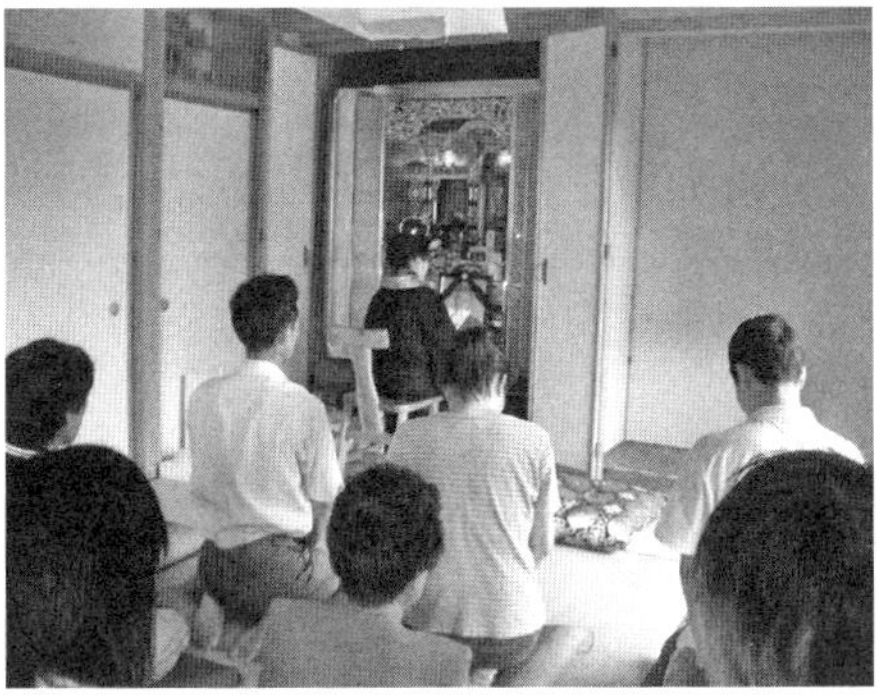

図17　自宅で新盆行事を行う門徒と僧侶

筆者：お盆という行事のいろいろな習慣について教えていただければと思いますが、たとえば、食事だとか、これとこれを作らなければならないとか、ありますか。

J氏：そんな大したことはしないわね…(笑)別に、うちでやって。子ども、きょうだい…たまにお寿司とって、そしてお坊さん呼んで、お坊さんもまた、でっけい、こんなお皿とさ、刺身、そんで、みんなで食べて…

筆者：お盆のときは、死者の魂がこの世に帰っていると…

J氏：あぇ、そうね。

筆者：それについてJさんはどう思いますか。

J氏：そうね。みんなが寄ってきて、にぎやかでいいなと思っただけ…(笑)

だが、共に食事するというのは、家族や親せきのみに限らない。つまり、死者の存在を認め、ご飯を供えるなど、故人が生前好きだった物を作り共に食べるといった死者といわゆる共食するケースもある。以下、Y氏【女性、84歳、ケア、禅宗】による口述である。

Y氏：みんな、知っている人、寄って、そしてやりますよ。亡くなった人の好きなものをたくさんこしらえてやったり…

筆者：あの世から帰ってきたからですか。

Y氏：そう。好きなものをこしらえたりね。

以上のことから、盆行事には三つの要素が含まれているといえる。本研究で注目している死者との関係性の他、生者同士、家族ないしは地域の人々との関係性、そしてその基盤を成す宗教的側面である。次項ではこの三つの要素の内、死者との関係性に焦点を当て、分析を踏まえながら考察を深めていきたいと考えている。

第二節　異界とのネットワーク　～生者と死者とのつながりの有様および構造～

これまではフィールドワークを中心に、対象地域における生者と死者との関係が形になってみえてくる諸現象について述べてきた。確かに、対象者の口述を引用しつつ、其々の現象の背景について吟味も行ったが、本項では、観察不可能な事柄に注視する。死者との関係に内在する思いや意識を求め、専らインタビュー調査を土台に分析と考察を行ってきた。その結果、死者との関係を三つのパターンに分類することができ、そのさらに奥、潜在的意識のレベルで働いている主な要因を八つ抽出した。以下、順番に紹介していくことにする。

第一項　擬人化した情緒的関係　～死者との対話～

ここでもやはり仏壇を媒体とする死者とのつながりから出発する。フィールドで何度も目にした光景、つまり仏壇の前で手を合わせて死者の供養のみならず、死者に報告したり、話しかけたりするような行動に潜んでいる感情や意識について分析してみよう。

「死者に口なし」という筆者による投げかけに対して、W氏【女性、90歳、ケア、禅宗】は〈そんなことありません。〈死者が〉しゃべりますもの〉と即座に反発している。遺影を飾った棚を自ら「カミダナ」と呼び、大変なときは〈写真に向かっていろいろお願いして、その後、お経をよんでます〉と話し続けている。その対象となる死者は、彼女にとって身近な存在であり、毎年盆の時期にこの死者を迎えているという。死で別れることなく、〈家族ですもの〉と話しているように、強い情緒的関係が存在していることがうかがわれる。

さらに、大切に思っていた亡き夫との関係が死によって遮断されたのではないかという問いに対してF氏【女性、83歳、ケア、真宗】は次のように述べている。〈それでも通じていると思いますよ。困ったときなんか、ききますよ〈亡くなった主人に〉。答えが来ないけど〈笑〉相談したって返事がこないけど、でもやっぱし、困ったときに相談しますね。〉向うから返事がこないことがわかっていながらも、日常の出来事を報告したり、話しかけたりしているという。E氏【女性、86歳、ケア、真宗】も同様に、現在、住んでいるケア付き住宅に夫の位牌をもってきており〈やあ、私、話もしてます。いいことあったよと〉と亡き夫と話すことによって〈癒されますよ〉と述べている。また、〈主人に報告して…お仏壇があるから、話しかけたり、ご飯あげたり、お経をあげる人もいるけど、私お経あまりあげないね〈笑〉本があるけど〈笑〉〉とE氏は口述している。またA氏【女性、87歳、自宅、禅宗】が〈悲しいことあったら、聞いてください、とホトケサンの前で泣いたり…〉と述べている。

ただし、このような死者とのコミュニケーションばかりではなく、

〔ちゃんとお参りして、お供えして、ミカンが硬いから剥いてとか、朝一番玄関あけて、お参りするとか。めずらしいものを買ってきても、まずはホトケサマにあげるんです。長女も、ちょっと珍しいお菓子とかもってて、先にホトケサンにもってて、で、そろそろホトケサンからもらっていいって、ここへ持ってきて、みんなで食べる。ミカンとかがくると、余所からきたものはみんなお仏壇にもってってホトケサンにお見せしてからいただくというのはここの家のやり方。ホトケサマにお祭りのときも、さきにホトケサマにお供えして、もう習慣になってます。生きていて、ホトケサマはそれで守ってくださるというのは、昔の人間の考えですね〕

と日常を紹介しているA氏のように、死者を生者のように、家族成員のように扱うことがうかがわれる。

以上のことから、死者とのコミュニケーションを取り続け身近な存在や親しい存在として扱う要素を、独立したパターンとしてまとめることにした。この第一のパターンを『擬人化した情緒的関係』と命名した。

相談しても、話しかけても、それを受けた死者の方から、すなわち異界から何も返ってこない、との口述を先ほど紹介した。しかし、向うからのレスポンスとして夢がある、と、このパターンの確認された対象者は口を揃えて述べている。E氏【女性、86歳、ケア、真宗】は下記のように話している。

〔死んで天国にいっちゃえば…でも、夢があるんだよ。夢っていいもんだなぁ~。本当に。またおとうさんの夢をみた。話もするもん。一緒に仕事したりさぁ、どっかいったり、いろいろしますよ。(笑) 夢って本当に不思議なもんだね。昔のおばあさんでも、こっちへきたり、一緒に話したり、きてくれてうれしいね、うれしい。夢で会えてよかったなぁと思うんです。〕

筆者は、夢の分析や夢の仕組みを専門としていない。にもかかわらず、この『擬人化した情緒的関係』の枠組みの中で夢を向うからの反応、つまり死者の方からのレスポンスとして位置付けたい。対象者の脳の中でできた夢、彼らの潜在的意識がプロデュースした夢は死者との一種のコミュニケーションなのではないかと考えている。なぜなら、対象者が語った夢の中では、死者との話し合いが可能であり、死者と共に行動することもできる。つまり、夢に出てくる死者はかなりのリアリティをもっている。夢を通じて、境界へと入り込み、死者との相互交流がなされるのである。〔夢はばかになりませんよ〕とW氏【女性、90歳、ケア、禅宗】は話し、亡き兄と夢の中で頻繁に会話しているという。一方、夢は同時に恐ろしい側面をもっている。夢にあらわれた死者が異界、死者の世界へと返る際に誰かを連れて行ってしまうことや、夢を通して親せきの人の死を告げるなどの話も出ている。また、X氏のように、幼い頃に死亡した一人っ子の娘が数十年の歳月が経った今もなお、X氏【女性、96歳、施設、真宗】の夢に登場し、悲しい思い出を引き起こす。〔腸炎が流行ってて…死んだ。一緒に逝きたかったもん。泣いて泣いて…運の悪い女…（今も）散々泣いとるわ。〕

対象者の少ない中、各パターンを有する対象者の間に生じる相違点について吟味して比較することは無意味であると思うが、読者もおそらく気づいているごとく、『擬人化した情緒的関係』と命名した第一パターンには、女性の対象者のみが集中している。宗派を問わず、現在の居住形態もさほど影響していないように思われるが、共通しているのは、性別と死別体験の存在だけである。特徴として、異界との交流が濃厚であり、頻出しているところが挙げられる。

第二項　内面化した情緒的関係　～こころに潜む死者～

第二のパターンは、『擬人化した情緒的関係』と同様に死者を意識し、死者に対して振る舞う要素を見出せる。だが、第一パターンとの決定的な違いは、距離なのである。『内面化した情緒的関係』と命名したパターンでは、異界から一歩離れ、死者がリアリティの一部を失い、生者の内面世界に閉じ込められることになる。このパターンでは、死者を大切にするなどの口述が多いものの、死者に話しかけたり、生者のように扱ったりする場面は一切ない。換言すると、死者との関係性はあるが、擬人化した他者としてではなく、対象者の内面世界に包含されるものというニュアンスが強いということである。O氏【女性、84歳、ケア、真宗】は死者とのつながりの存在、そしてその大切さを認めていながらも、盆行事をはじめ、死者に対するすべてを宗教家、すなわち僧侶に委託している。法事に限って読経を僧侶とともに行うものの、自らは何にもしないという。また、仏壇の前で手を合わせることがあるが、死者に話しかけることは一切ないという。

盆の時期に死者の魂は帰ってくるという感覚についてP氏【男性、84歳、自宅、真宗】は、

〔まったくないです。（省略）形にして、何もないけど、お骨を入れてますけど。それに対して…ありがたいという気持ちを思い起こす場所は仏壇であり、お墓であり…だから、遠い祖先を忘れておっても、一年に一回お盆があれば、こうして自分が今幸せだ、生かせてもらっているということ自体が祖先のおかげなんだなという、改めて自分に言い聞かせるというか〕

と話している。さらに、

〔仏壇の前行って、手を合わして、静かにして…何というか、自分の生き様、そういう思いを興させてもらう場所なんです。一年に一回でもお墓行って、いつの時代か知らんけど、私、うちの祖先、お骨が納まってるんだ。そういう人たちがあったからこそ、今、私たちもこうして生きておるんだなという。私は、ありがたいんだな。〕

死者との対話、第一パターンで確認した擬人化したつながりを見出せない。とは言っても、死者を無視しているわけではない。死者ないしは先祖を大切に思う、尊敬するという話がなされ、死者が成し遂げたことを認め、それに対

して感謝するという口述が非常に多い。

また、U氏【男性、91歳、ケア、真宗】のように、亡き妻が生前やってくれたことに対して、その敬意として妻の遺影をケアハウスに持ち込んでいると述べるが、亡き妻のことを思い出したり、ましてや遺影に対して話しかけたりすることは一切ないという。なぜなら、第二パターンに当たる死者が対象者の内面世界に宿っているといえるからである。以前から仏壇の前で手を合わせたりしていないというM氏【男性、90歳、ケア、不明】は、「死者は大切な存在に当たらないですか」という問いに対し、〔当たりますけどね〕と述べるが、その大切な存在はどこにあるかというと、〔心の中で思うだけです〕ということになる。「仏壇の前で手を合わせる…」と話しかけた筆者に対して、〔いや。ほんと、心の中だけです〕と繰り返している。

第三項　希薄化した情緒的関係　〜褪せた異界〜

第一章で「無関心な存在」という表現を用いたが、三つ目に抽出したパターンには、まさに軽視されほぼ無視された死者が含まれているということになる。第三パターンをみせている対象者は生者の世界を重んじ、人間関係、生者同士の関係性に重点を置いている。だからといって、法事や葬式を一切行わないというわけにはいかない。たとえば、盆になったら、僧侶を呼び、親せきが集まって法要を行うが、それを単なる習慣としてみており、特別な意味をそこに見いだしていない。また、言うまでもなく、これらについて全面的に宗教家に依存しており、死者との直接の関係性を示す要素がほとんど見当たらない。

一方、死者を敬い、生前、成し遂げたことを認める傾向がみられる。しかし、これはあくまでも生前の話であって、死を超えたつながりにまで展開していない。S氏【男性、93歳、ケア、禅宗】は数年前に亡くした息子の大工としての仕事について詳細に語り、息子のマスターした作業を一つひとつ誇らしげにリストアップしている。だが、死者に対

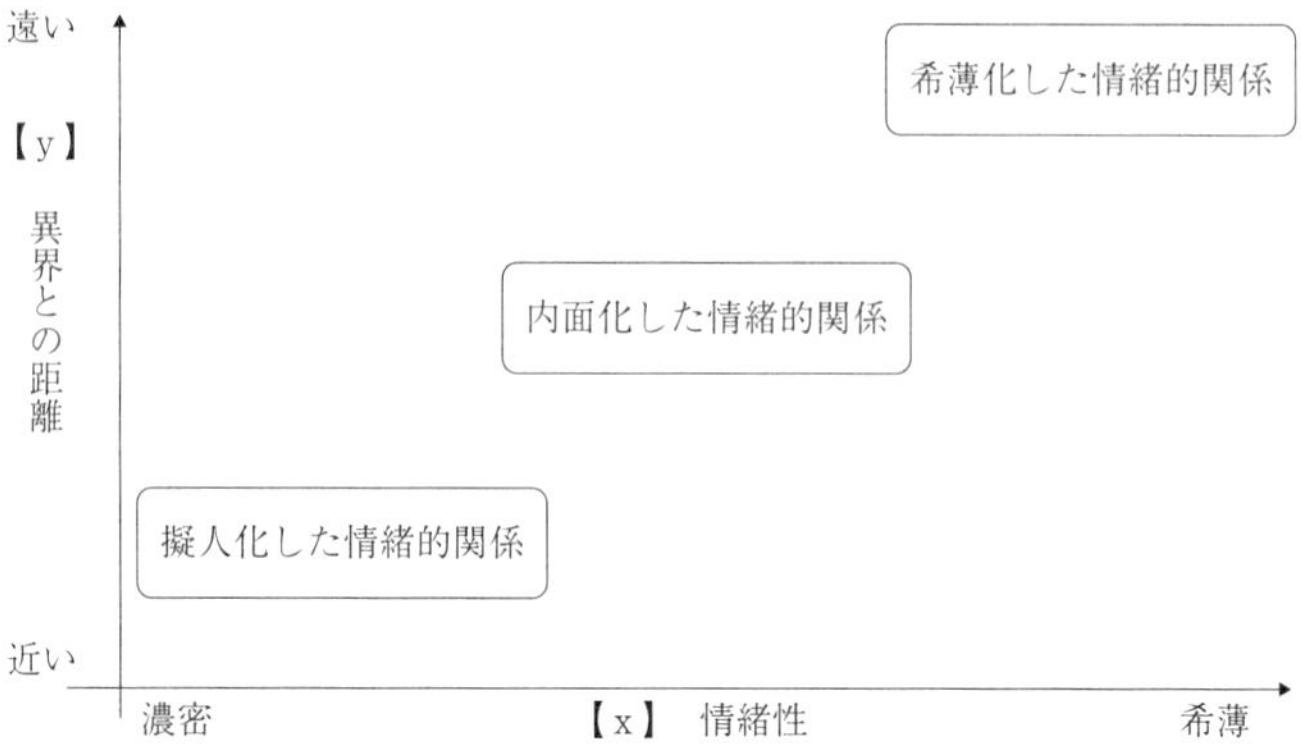

図 18　生者と死者との関係性を現す三パターンの構図

する自分の思いを次のようにまとめている。

〔空想だね。思い出とか残っているけど、あとはもう空想。まあ、頭に残っててもそれは生前のことだけだ。〕

さらに、人と人のつながりを大切にして、常に前向きな姿勢をみせているR氏【男性、86歳、ケア】は、死について〔まあ、人間は死んでしまえば、終わりだからさ、生きている間は健康の管理して、病気にならんよう、健康で、そういうことしか考えられない。これからのこと〕と述べている。漁師として、そして建設会社の社員として、人と人のコミュニケーションを重視してきており、今もなお、周囲の人々とのよい関係を築き、維持するように努力しているが、〔昔のことは昔のことで終わっている〕と話しており、亡くした妻やきょうだいについてほとんど触れない。〔わたしだけ残って、みんなを償うために長生きしているのかあ…親も、家内、子ども二人も亡くなった〕と死者に対する思いを語った唯一の場面もまた生者の世界に留まっている。

以上のことから、第三パターンを『希薄化した情緒的関係』と名付けた。死者の世界、異界と重なり合う要素が乏しく、現世中心的であり、死者との関係性も極めて希薄化しているのが、このパターンの特徴である。

インタビューの口述から抽出した三つのパターンを図18のようにまとめ

ることが可能である。軸yは異界との距離を示しており、軸xは情緒性を指している。異界のリアリティを帯びており、死者との対話や著しい相互作用が特徴の『擬人化した情緒的関係』から、異界との重なり合うところをみせず、人間の世界で一切を完結させようとする『希薄化した情緒的関係』まで並べられているが、このパターンのさらに深い層に存在する諸要因について以下に吟味する。

上述した三パターンの違いを明確に示すために作成した図18では、死者と生者との関係に内在する情緒性が右方へ進むに連れて薄れていき、また、上方へと離れていくと、異界との距離、つまり生者と死者を隔てる距離が長くなるということである。したがって、死者に対して最も情緒的であり、最も近いパターンとは『擬人化した情緒的関係』である。死者との間に一定の距離を置き、直接な対話などをなるべく避け、死者とのつながりを内面の世界に閉ざしたのは、第二パターン、すなわち『内面化した情緒的関係』である。最後に、人間世界を重視し、死者との一定の距離を置いて死者との情緒的要素をほとんどみせないのは、『希薄化した情緒的関係』なのである。

第四項　各パターンを規定する要因

本研究の目的として、死者と生者とのつながりの在り方および構造に着目しているが、この関係性に影響を与えている様々な要因にも触れて分析することにしよう。対象者人数が少なく断言は避けたいが、考察の充分な材料になると思う。

まずは、分析を可能にするために、インタビュー調査の対象者を三つのパターンに分類した。分類の結果を表3に示す（各対象者の詳細については付録2、一五四頁を参照）。むろん、前項で紹介したパターンは筆者によって抽出されたものであり、その確立と有効性を確認するための実証的研究や比較研究が必要である。ただし、現段階では探索的アプローチとして、三パターンで仮定しその要因を探っていきたい。

表３　各パターンによる対象者の分類（n=25）

（人）

		擬人化した情緒的関係	内面化した情緒的関係	希薄化した情緒的関係	計
性別	男	0	3	4	7
	女	8	7	3	18
宗派	禅宗	5	1	2	8
	真宗	3	9	3	15
	真言	0	0	1	1
	不明	0	0	1	1
婚姻状況	死別	8	4	5	17
	既婚	0	6	2	8
居住地	自宅	3	3	1	7
	ケア	5	4	4	13
	施設	0	3	2	5

主に質的研究の手法を用いてきたが、ここでは上記に示したデータの散らばりを確かめたく、量的な解析を適用しておく。まずは性別であるが、男女割合が著しく偏っているにもかかわらず、χ^2検定の結果、有意差が認められた（$\chi^2(2)=6.080, p<.05$）。実測値と残差分析（$p<.05$）の結果、擬人化した情緒的関係をみせている女性が有意に多いのに対し、希薄化した情緒的関係を有する男性が有意に多い。次に、宗教的背景による影響に焦点を当てると（χ^2検定の結果：$\chi^2(6)=11.525, .05<p<.10$）、擬人化した関係性をみせる禅宗の信仰者が多いのに対し、多くの真宗の門徒は内面化した関係性をみせている（実測値と残差分析（$p<.05$）では有意差と確認）。同様に、婚姻状況に関しても、配偶者と死別した対象者が擬人化したパターンに集中するのに対し、既婚の対象者の多くは内面化した関係性をみせている（χ^2検定の結果：$\chi^2(2)=7.405, p<.05$）。一方、現在の居住地に関しては有意差が認められなかった。極めて限られた標本の中で留意が必要であるが、以上のことから、女性であること、禅宗の宗派に所属していること、そして配偶者と死別していることが死者との擬人化した親しい情緒的関係をもつ可能性を高める。少なくともこのような傾向が明らかになっているといえる。さて、ここで図18をもう一度登場させ各要因による対象者の分散を可視化してみよう（左記の図19を参照）。

一九六〇年代にイギリスで調査を実施したゴーラーが女性の対象者のみに死者との親しく擬人化した関係性を確認

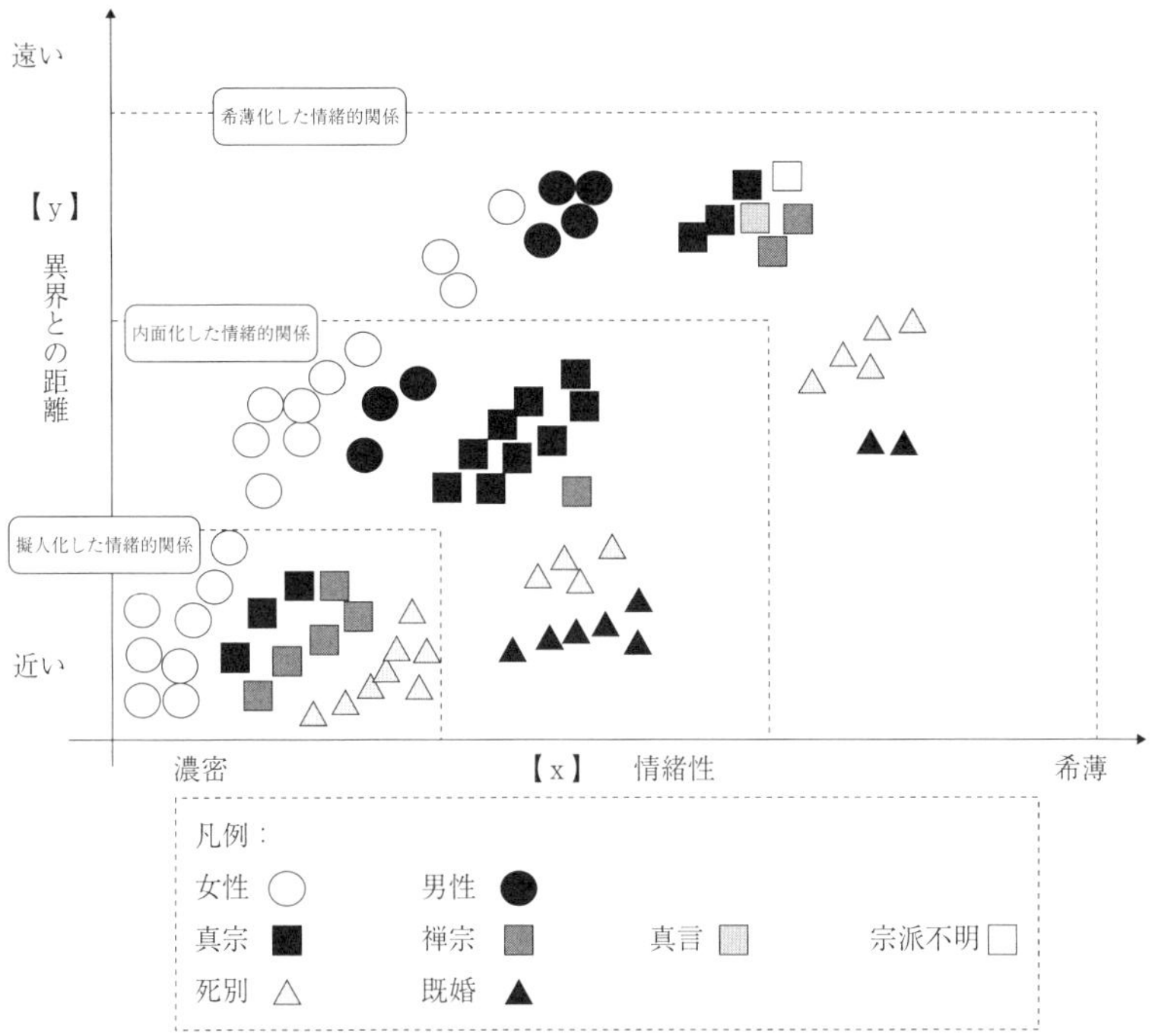

図19　3パターンに分類した対象者の分散
（性別・宗教的背景・婚姻状況の3要因を中心に）

しているように（Gorer 1965）、本調査でも同様の傾向がみられた。文化的コンテキストを超え、男女の見方が対照的であると言っても過言ではないだろう。人間関係に関しても、女性たちは男性より社交的であり、豊かな人的資源を持っていることは報告されている（杉澤 2007；Fiori et al. 2006；野邊 2006；郷堀 2008）。つまり、死者に対しても同様の現象がみられたといえる。むろん、男性は亡くした配偶者との親しいつながりを持ち続けたとしても、そのことについて話せずその感情を明かさない可能性もある。つまり、単なるコミュニケーションの違いである。だが、どのような質問にでも応じる女性たちと遠慮する男性たちといった現象だけで上記の相違を説明することはできないように思う。

また、人生の伴侶を亡くした対象者が亡き[2]夫との親しく擬人化したつながりを持ち続ける傾向にあることは、誰もが共感できる感情であろう。亡き夫に代わる人がおらず、大切な存在と認識され依然として未亡人たちのネットワークに位置付けられていると推測できる。

男女比と並んで「大切な人」との死別が生み出す感情は、おそらく複数の文化に共通するものであろう。一方、宗教的背景に関する分析で浮き彫りになった宗派による相違は日本仏教と密接に関係している。浄土真宗の教えがはっきりとした姿で現れており、死者が対話の対象にもなり得る他人よりは、内なる世界に潜んでいるもの、と門徒は認識していると思われる。多くの浄土真宗の信仰者にとって、死者とは日常生活に根差したものでありながら、人間の世界を超越したものである。真宗の教えが門徒の自然な感覚にまで浸透していることがうかがわれる。

死者との関係性を媒介する仏壇の有無は、一要因として視野に入れたものの、現在の居住地と同様に有意差どころか、著しい相違すらみられなかった。これは標本の人数に起因しかねないが、移居後も仏壇に代わる遺影等を用いたり、仏壇のオマイリを目的に自宅へ通ったりするケースもある。形を変えながらも仏壇ないしは仏壇に代替するものが機能しているといえる。むろん、この問題について改めて検討することの余地が大きく、今後の課題である。

重層解析を行うための充分なデータがないため、各要因の相互作用などについての分析および考察は控えたい。また、上記の考察も限られた標本に依拠しており、一つの成果というよりは今後の研究活動の中で活かせる一仮説に留めたい。

次に、表3と図19で示した分類はさておき、宗教や婚姻状況など、どちらかというと外部の要因ではなく、内面から影響を与える要因を探索したいと思う。つまり、抽出した三パターンを規定しており、形成させる要因に注目していきたい。解析手法は、パターン化と同様に、インタビューのデータをもとに特徴的な口述を抽出し、その共通点を探りながら集束化を行った。その結果、八つの要因が得られたものの、この分類についても今後の検証が必要と考え仮説に留めたい。

第一に、『お参り《オマイリ》』と命名した要因を紹介しておく。仏壇を中心とした供養、毎日繰り返される仏壇参りを通じて、死者との関係性が再確認され、形成されていくことを指している。F氏【女性、83歳、ケア、真宗】は次のように述べている。

〔父が亡くなってから八〇年じゃなくて、もう七〇年たってね。一〇歳で亡くしましたから。それでも、まだずっと心にあります。すごい！　父に叱られた記憶がない。母に叱られた記憶がいっぱいあっても。それでも父はすごいと…一〇歳で亡くしてても、なんで、あんなに憶えているかな。亡くなったころ、まだ袴でした。仕事のとき、袴をして仕事行ってたから。袴の姿がすごい記憶に残っている。
お盆とか、お仏壇の前で、毎朝、毎年…だから記憶に残ってるかもしれない。気持ちとしては、本当かどうかはわからないけどね。だから、愚痴っぽいことをあまり言わない人生を送ってきたんだよ。〕

A氏【女性、87歳、自宅、禅宗】の話（七三頁を参照）に出た過去帳はもちろんのこと、日常化した儀式も重要なポイントになるということである。命日、盆や彼岸などを通して死者のことを記憶していく。このことは同時に、死者との関係性も培われ、刷り込まれていくということなのであろう。さらに、A氏は毎朝のお参りについて下記のように話している。

〔自分の気持ちですね。ホトケサン、死んだ人を忘れないというか、毎日、お仏壇に顔（を）出して、挨拶するというのは、これは、亡くなっていない、先祖さまはここにおられる。そういう気持ちで朝晩お参りします。玄関あけて、今度ホトケサンへ行ってお香を焚いて…〕

以上のことから、お参りするという行為は、日常場面においても仏壇を媒体としながら死者との直接のつながりを可能にする要因であるといえる。

第二に、『感謝』の要因を挙げる。これは何度も触れている現象であり、土地などを遺した死者に対する感謝という感情がその核心を成している。これは、〔祖先があって私は今ここにいる〕というP氏【男性、84歳、自宅、真宗】の発言にも代表されるように、大きな括りとしての先祖に対する感情にもあたる。一方、〔朝晩お参りして、とうちゃんのおかげで、ここへ入って安楽にくらしとって〕とE氏【女性、86歳、ケア、真宗】のように、擬人化しており、特定の死者に対する感情として現れている場合もある。「おかげさんで」、「おかげで」や「ありがたい」という言葉が頻繁に用いられ、この感情を表面化させている。『希薄化した情緒的関係』の場合においても、生前の行いや残っている思い出に対する感謝の感情がうまれ、薄れてきているとはいえ、死者との関係性を維持する強い要因であると考えられる。

第三に、『支え』と名付けた要因について述べていく。〔ご先祖はこころの支えです〕とF氏【女性、83歳、ケア、真宗】が話しているように、死者とのつながりが対象者を支えるものとして認識されているところは、この要因の根底にある。A氏【女性、87歳、自宅、禅宗】は、〔支えですね。楽しいこと、淋しいことは証拠ですね。結局お仏壇へお参りするというんです。楽しいことあったら、ホトケサンにそれを教えてやろうと。そんで、淋しいことあったら、ホトケサンの前で涙流して…〕と述べており、Y氏【女性、84歳、ケア、禅宗】もまた、子どもの頃から一番身近にいて支えてくれた兄が戦死した後も支えになるかどうかについて、このように述べている〔そう。やっぱり自分のきょうだいだからね。兵隊になってもう帰ってこないというけどね。〕

また、対象者を精神的に支えるという機能は、外部要因によって引き起こされることもある。たとえば、家族や親せきとのトラブルが生じ、自分を支えるはずの人がいない場合、死者が登場する。同様に、配偶者や子どもと死別したときもそうである。人間関係にサポートを求める対象者は、この人的資源が減少している、あるいは欠如している状況に陥った場合、代替的資源として死者に同様の機能を探し求めるということである。唯一の孫まで家族全員を亡くしたV氏【女性、96歳、施設、真宗】は、施設内の人間関係に見出せないくらい、実に親密なつながりを死者に求め、現在、死者のみが自分を支えていると話している。また、親せきとの間に問題が生じているW氏【女性、90歳、ケア、禅宗】や縁切れにまでエスカレートした家族との関係で悩むE氏【女性、86歳、ケア、真宗】、両者とも、死者に支えを求め、死者との対話をこころの癒しと認識している。

逆に、第四に挙げる『祟り』の要因は、支えどころか、恐ろしい死者というイメージを帯びている。ネガティブな側面を抱えつつも、『感謝』とともに、すべてのパターンにみられ、根本的な要因であると考えられる。根底には、供養や墓の管理などを行わない、死者を敬わないのなら、死者が祟るという因果関係が潜んでいるといえる。〈恐ろしいってことはないけど、ただ、〈仏壇、墓などを〉粗末にはできないね。罰があたる。どんな罰かわからんけんど、まさかそんなこと〈粗末〉していかれんわ〉とU氏【男性、91歳、ケア、真宗】は話している。O氏【女性、84歳、ケア、真宗】も、〈実際には怒られん。でも、やはりお供養しないと…なんか〉と曖昧な口述しながら、死者による祟りを意識している様子をみせている。また、死者との関係性が極めて薄く、死者を自分の生活空間にまったく意識していないというS氏【男性、93歳、ケア、禅宗】でさえ、「死者の怖い顔」という問いについて、〈そうそう。〈笑〉敬うってことでしょう〉と認めており、死者を敬えばその怖い側面を回避できると話している。

一方、死者との濃厚な関係性をもち、死者を自分の支えとまで認識しているE氏は、死者による祟りについて次のように述べている。〈私、その祟りということ嫌いだせぃ。思わない。それを思わない。嫌だ。別に自分で悪いことしとると思わんせぃ…祟りないと思う。どうか幸せに生きますようにだけ、願っております。…　祟りは怖い。〉他にも、〈祟りはない〉と話している対象者が大勢いたが、彼らのいう「ない」とは、祟りが存在しないということではない。なぜなら、さらに聞くと、「自分は悪いことをしていない」や「ちゃんとお参りしている」などの返事が返ってくる。要するに、死者に対して、または先祖に対して、正しいとされている行動を行う限り「祟りはない」ということになる。結果として、死者との情緒的関係にせよ、希薄化した関係にせよ、畏怖の念が一要因として死者との関係性を左右していることは現実である。

しかし、不安定で恐ろしい存在である死霊の本質が葬送儀礼や追善供養を通じて穏やかな祖霊へと変容していくという強いリアリティを帯びていた感覚、または死によるケガレが葬送儀礼等を通じてハレに変わるという感覚については、本調査でははっきりとした形で確認できなかった。どちらかというと、潜在的意識として、あるいは対象者の価値観を土台とした行動様式として、祟りをおこす恐ろしい死者という概念が形成されているように考える。これは、関沢（2002：224）の見解と同様の傾向を示すものであり、祟る死霊という恐ろしい存在が後退していることがうかがえる。さらに、祟りを迷信のように、成長とともに乗り越えたもののように扱う口述、つまり子どもの頃は信じたが、現在はそのようなことが一切ないという見方もある。F氏【女性、83歳、ケア、真宗】は次のように話している。

「（祟りについて）それは、感じたことない。地獄に落ちるとか、恐ろしいホトケの絵もあるけど、ちっちゃいときは、天国とか、地獄とか、そういう話をよくしてもらって。それを信じました。もうひとつ信じたことがあって…母がね、おトイレをきれいに掃除しないとね、子どもが、きれいな赤ちゃんが生まれないと。それを信じましたね。本当にバカだったと思う。（笑）、子どものときね、おトイレの掃除をさせられました。私たちの世代はこんなもんです。」

第五に、『死者の扶養』と名付けた要因に焦点を当てる。宗教的な意味合いの強い追善供養というより、ここで最も注目したいことは、親孝行という概念[3]に基づく老親扶養意識[4]なのである。親の面倒を子どもがみるべきというのは、対象世代に共通する価値観であるに相違ないであろう。ただし、これは死で終わることなく、死者供養を執り行い、遺骨や墓の管理の責任を負うという形になる。先ほど紹介した『祟り』とは異なり、しないと罰が当たるという畏怖が原動力になり、行動を引き起こす力となっているわけではない。仏壇や墓を中心とする死者供養などは、死者に対

する責任を果たすこととつながるわけである。A氏【女性、87歳、自宅、禅宗】は、

〔実は、嫁にきたおうちは禅宗だけんど、私の実家お西の方の門徒ですよ。ここへきたら、宗派違うんですから、今ですね、この宗派、永平寺さんですね。永平寺にもお参りにいったし。主人のお骨を本山に納めてきたし、母親も父も、みんなのお骨を本山に納めた。ここの家へ嫁にきたのをちゃんと果たしたと思いますよ。でも、今の人は、本山に納骨するなんか考えていないでしょう〕

と話している。同様に、高齢で再婚して他県で亡くなった伯父の墓には親せきが行けないことを心配している様子からも、この死者に対する責任感がうかがわれる。また、B氏【女性、83歳、自宅、禅宗】も、〔一周忌、三年、七年、一三年、三三年で法事してしまえば、その人、あれ供養終わりなんですけど、それまでやります。三三年でおしまいです…今度、お寺さんいって、でっかい法事やって…掃除しなけりゃならんか。法事終われば、もういいようですね〕と話し、死者の供養を、三三年にわたって行わなければならない責任を認識していることが明らかであろう。

ただし、ここで深く注意しなければならないことは、『内面化した情緒的関係』である。なぜなら、このパターンには、『祟り』と『死者の扶養』の要因がほとんど含まれていないからである。死者の魂が帰り、死者との対話が可能であるなどの擬人化したつながりをみせず死者を内面化していることは、浄土真宗の教えに近い考えであると推測できるであろう。つまり、阿弥陀仏に救済された死者が極楽浄土へと往生しており、子孫を祟りによって苦しめることなく、墓等に関する重い責任感を強いることもさほどないと想定しても異論はないのではなかろうか。

第六に、『ならわし』の要因について紹介する。ここでは、受け継がれてきた習慣ないしはしきたりとして、死者を拝み、仏壇や墓を維持するということになる。仏壇にお参りしている自分の親の姿をみて自分もそうしており、自分の子どももまた同じことを行っているという口述が多くなされ、行動様式として死者に対する振る舞いが受け継が

れていくプロセスがうかがえる（A氏、F氏）。だが、昔から存在する単なる習慣であり、持続性効果によって今日まで残っているという見方もある（M氏）。

第七に、『守護』が挙げられている。『守護』、つまり「死者はわたしたちを向うから温かく守っている」という要因は、広く受け入れられ、対象者の多くに深く浸透している概念である。ときには、Q氏【女性、96歳、ケア、禅宗】の場合のように、怖い顔をもつ祟る死者に対して対照的な見方としてあらわれてくる。〔ホトケサンにお参りしているから、祟りなんかないない。見守ってくれるし、お盆のとき、帰ってくるしね…〕と述べ、死者を近い存在として描写している。

墓の位置について論じる際にも触れたが、死者は近くに留まり、子孫の生活振りを草葉の陰からみている。このように想定されてきた死者は、やさしい目で生者を見守っている、と対象者の多くは口を揃えて話している。一方、遠い極楽浄土にいってしまった死者に対して「今日も一日幸せに生きられるように」と願うケースも多くみられた。守護的性格を帯びている死者に対する祈願について、A氏【女性、87歳、自宅、禅宗】が日常場面を紹介しながら語っている。

〔そうね。不思議なことに、神様よりホトケサンにお参りするんですね。近道といえば…孫が車で帰ってきて、今度、帰るというときに、私、馬鹿みたいに、ホトケサンにお参りするんです。「どう無事に帰れますように」と（笑）こんな年寄りになっちゃった。帰っていくのに、どうぞ、みてください。無事につきましたって連絡きたら、すぐに、（ホトケサンに）ありがとうございます。最近、こればっか繰り返してます。帰り心配だから、線香あげて、お参りして、で、無事着いたと、また真っ先にホトケサンにありがとうございます。無事に着いたそうです、と報告するんです。これは年寄り根性でしょう。（笑）〕

最後に、第八の要因に触れる。『うやまい』と名付けたが、これまで述べてきた『祟り』、『支え』や『守護』とは異なり、おそらくイエ制度の名残として、死者が（この場合はとくに先祖という意味合いが強く意識されているが）イエという組織の中で高い地位を占めている。感謝しているからでもなく、怖いからでもない。またそのような習慣があるからでもない。二者関係において先祖を尊敬しているという意識が、この要因の核を成している。尊敬しているからこそ、お参りし、供物を捧げるということになる。その結果、「ご先祖さんは一番えらい」などのような口述がなされ、もらった菓子などを、まず家庭の中で最も尊敬されている先祖にあげるという行動としてあらわれてくるのだろう。また、死者が生前成し遂げたことを認め、それらを敬う見方もみられた。

以上、八つの要因すべてを紹介してきたが、一人の対象者には一つのパターンしかなく、その背景にもまた一つの要因しか存在しないということではない。パターンと要因の相互関係を図で表示することを試みたが、複数の要因が複雑に絡み、大変わかりづらく、複層の構図が形成されつつあったため、割愛させていただくことにする。なぜならば、生活者の日常場面において何度も繰り返されてきたごく自然な現象を、複雑なグラフで表し、完結させるような研究には魅力を感じていないからである。さらに、時間経過とともに、つまり人生の様々な出来事によって別のパターンへと変わるなど、それまでと違う死者との関係性をもつようになるというプロセスもまた、充分に可能である。たとえば、F氏【女性、83歳、ケア、真宗】は、〔私、子ども亡くしてすぐに毎朝お経をあげるようになったけれど、夫はそれまであまり興味がなかった。最後になって、一生懸命憶えたんです。ようやく本なしでできるようになったら、いきましたよ、あの世に…不思議なもんですね〕と話しているように、親しい人を喪って初めて死者との関係性が深まり、行動へ変わるということである。

したがって、ここで論じてきたパターンとその要因とは、あくまでも枠組を決めるものであって、複数の要因から成るコンビネーション、様々な組み合わせが可能な構造になっている。決して不変的、かつ固定的なものではない。

第五項　異界とのつながりのネットワークの構造

これまで死者とのつながりの有様、またそれを規定する要因について詳細に論じてきたが、本項では、ネットワーク構造と絡ませ、生者の世界と死者の世界、すなわち異界とのネットワークの構造化を試みたいと考えている。第一章第一節で紹介したネットワーク論を用い、第一章第二節では異界とのネットワーク構造まで提案したが、対象者との対話の中あるいは対象者の日常の中からどのような構造が浮かび上がったのだろうか、これまでの分析を踏まえ、まとめていきたいと思う。

死者と生者との関係を紹介する際に、まずは最も親しく、情緒的関係を示すパターンに注目した。ここでも、異界により近いところから出発したいと思う。

第一構造は、死者のみから形成されているネットワークである。図20のように、ネットワークのほとんどは異界と重なり合う境界の領域に入っており、『境界中心型ネットワーク』である。

死者のみがネットワーク・メンバーとして認識されるということであるが、上記のネットワークの持ち主は決して一人暮らしで疎外状態にあるわけではない。このネットワーク構造が確認されたのは、常時、介護スタッフや他の利用者に囲まれながら日々を過ごしている介護施設の利用者のみである。本調査では、ユニットケア(5)と称され、一〇人ほどの利用者と専属スタッフから成り立つ生活ユニットを中心とする施設を対象とした。このユニットケアでは、利用者

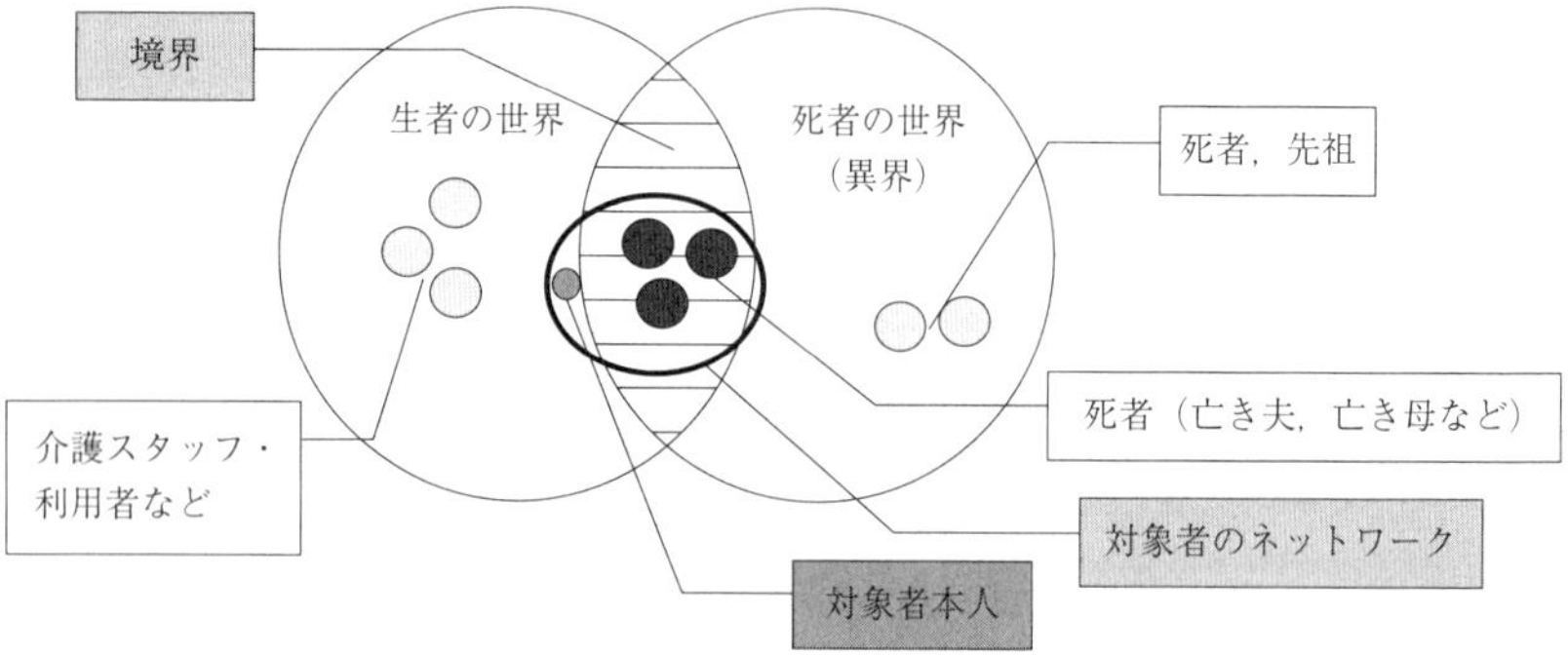

図20　死者のみから形成されるネットワーク

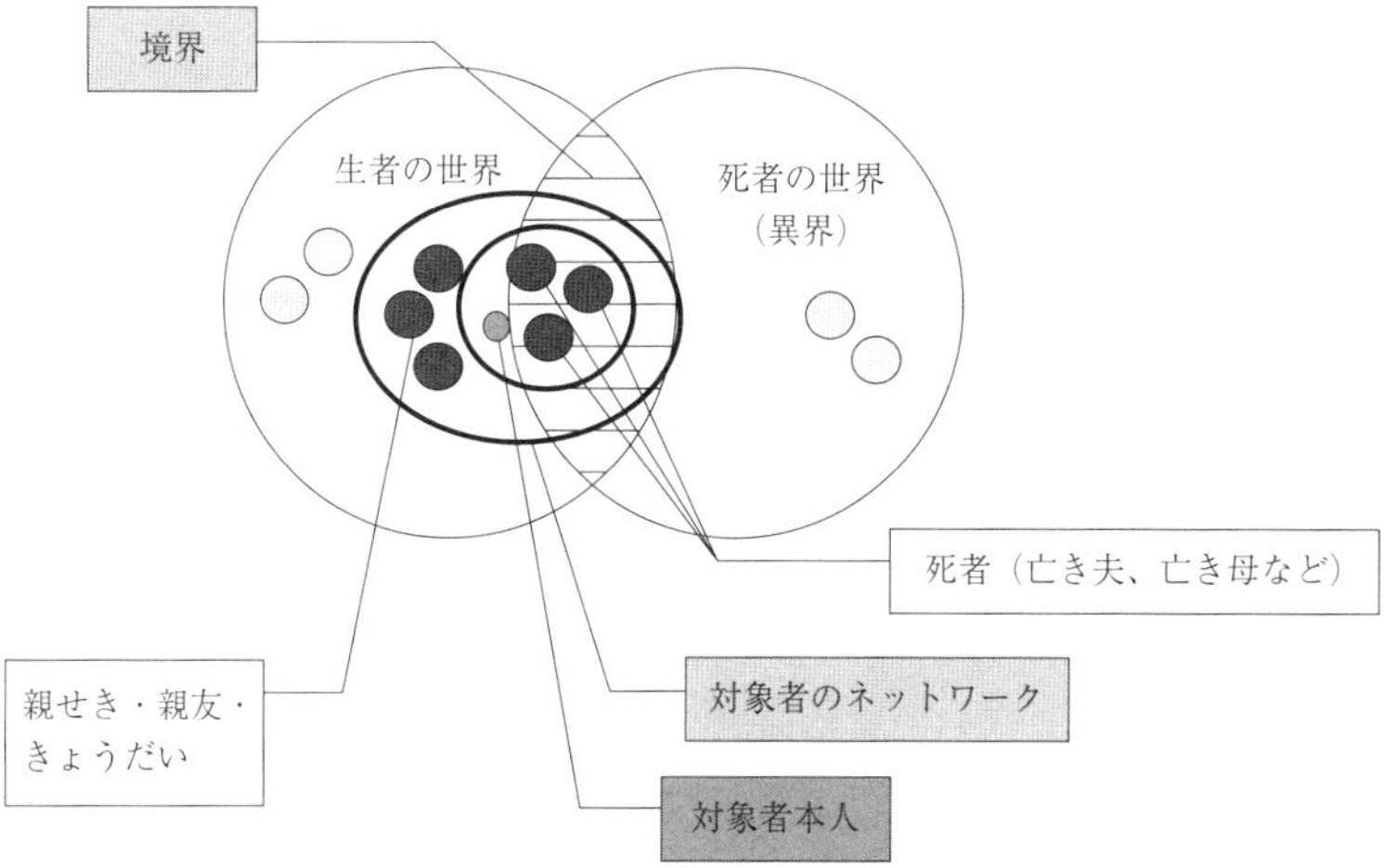

図21　死者中心混在型ネットワーク

と介護スタッフ、そして利用者同士といった人間関係の再構築が目指され、共用スペースと台所を個室が囲んでおり、家と似た構造となっているが、拙論ですでに明らかとなっているように、この「ユニットケア施設においても、日本の高齢者が持つ価値観、つまり「ソト」と「ウチ」の概念などが影響を与え、家族員以外の人が個々人のネットワークに入りきれず、親しい関係が築かれにくい」（郷堀ほか 2009：160）。

しかし、死者にまで視野を広げると、対象者にとって最も大切な存在だった配偶者や子どもは、今度は生者ではなく、死者としてネットワークに入ることが可能である。死者でありながら大切な存在と認識されており、さらに「擬人化した情緒的関係」の場合は、一種のコミュニケーションも可能であろう。

次に、『死者中心混在型ネットワーク』を紹介する。図21で示しているように、ここでも、死者に重点が置かれているが、死者のみならず生者もネットワーク・メンバーとして認識されている。このネットワークを最も純粋な形で所有しているのは、F氏である。

F氏【女性、83歳、ケア、真宗】は、子ども、そして夫と死別した後、ケア付き住宅に引っ越してきたが、自宅が近くにあり、地

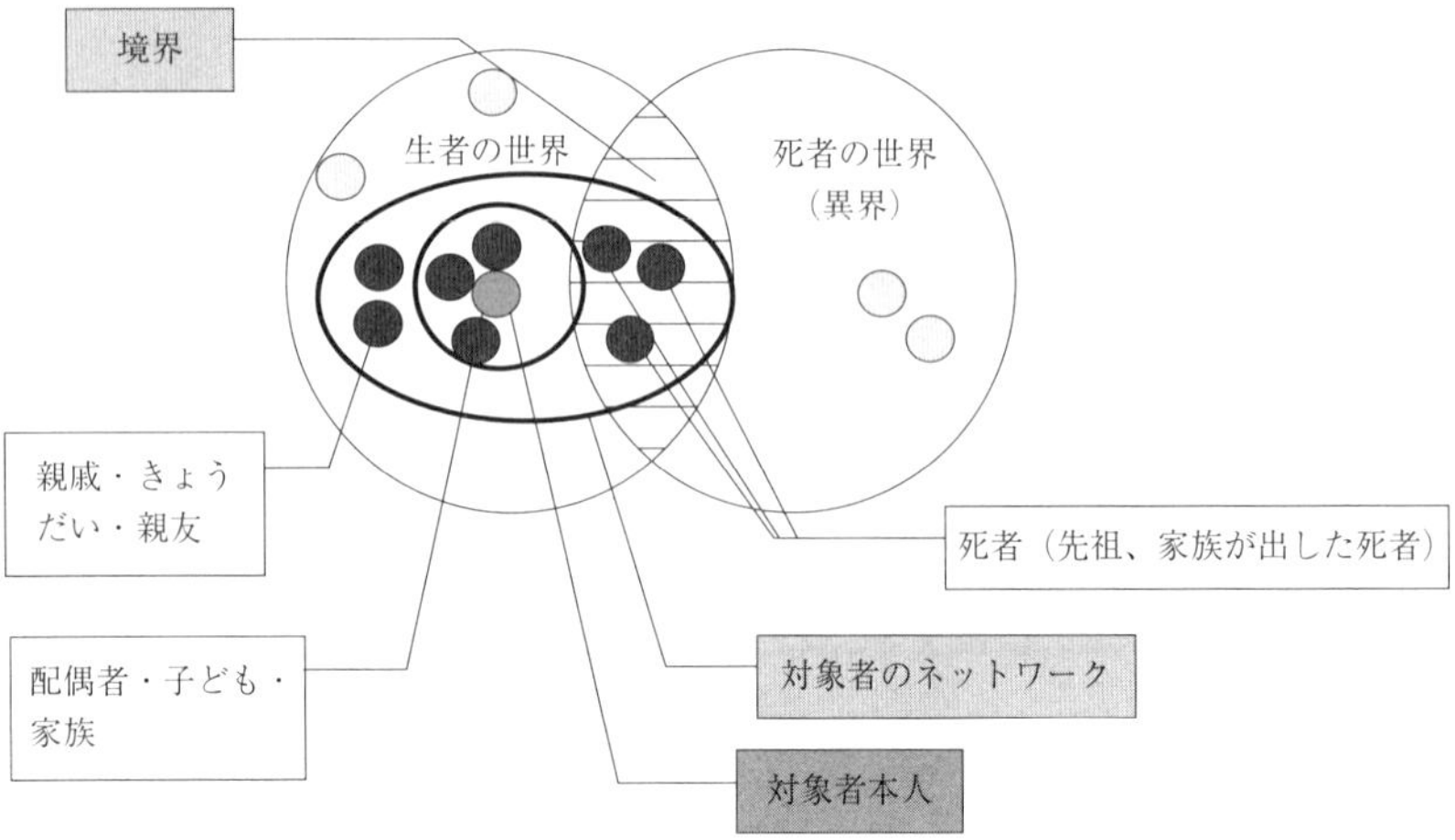

図22　生者中心混在型ネットワーク

域との交流や親せきへの訪問などを頻繁に行っているという。様々なつながりをもつF氏は、大切な存在について聞かれると、即座に〔やっぱ主人じゃないですか。主人（を）亡くしたとき、支えてくれる人いなかった。やっぱし大切な人〕と述べている。さらに、〔…というか、私、一人と思わないで、今も、二人だと思ってます。主人と。子どもいれて、家族三人。いつも〕と話しており、家族としての凝集性すなわち強いつながりが、死で別れた後もF氏を支え、ネットワークの中心を成している。そのなかで、とくに亡き夫との関係性は、『擬人化した情緒的関係』の特徴を大いにみせている。

〔普段の行いが悪いから極楽浄土にいっているかどうかはね…もう迎えに来てほしいわ。今まで、少し供養したかったけど、今はもう、迎えにきてって。あの世からきちんと見守っているかどうかはね〕

と冗談を交えて話しているが、亡き夫との続きゆく親しいつながりがうかがえる。

他にも、E氏【女性、86歳、ケア、真宗】の場合も、〔大切な人じゃ、親だわね。わたしら育ててくれたからね〕と亡き主人と共に親がネットワークの中心を成している。

一方、親せきやきょうだいもネットワークに入るが、物理的そして精神的距離が若干生じているため、家族（夫と子ども）ほど親しい関係性は築かれていないという。また、親せきや家族以外のネットワーク・メンバーに対して、〔いるけど、薄れている。一番大事な友人が脳出血であっという間にいきました。みんないきましたよ。どんどん薄れてきましたよ。残る方が悪いです〕と話しており、高齢に伴うネットワーク規模の減少が明らかとなっている。さらに、友人などの家族以外の人が死者として、ネットワーク・メンバーとして認識されることはない。これは、日本の高齢者の特徴とも言われる家族を重んじる価値観が、死者にも適応されるということであろう。その結果、亡き友人は死者として異界に入っており、生前の思い出などによって何らかの関係性があると想定できるが、大切な存在にはなり得ない。

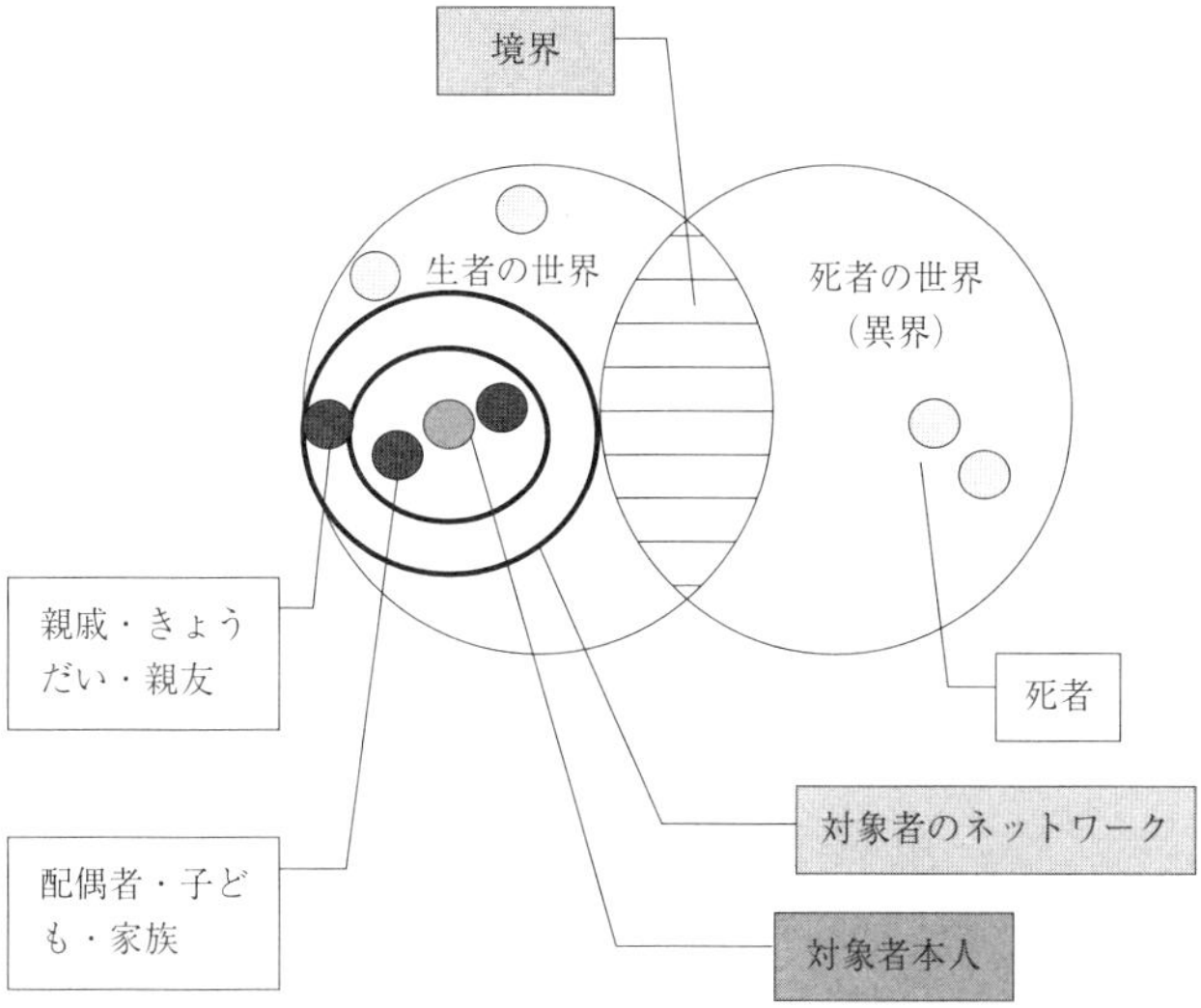

図23　生者世界中心型ネットワーク

　第三の構造として『生者中心混在型ネットワーク』を挙げる（図22参照）。先ほど紹介したケースに近い構成をもつが、重点が異界からやや離れ、生者との関係が基盤を成している。『擬人化した情緒的関係』に当たる死者がネットワーク・メンバーと認識されているが、どちらかというと、補助的な役割が多くみられ、生者との関係性が重視されている。

　その背景には、家族構成が大いに影響を及ぼしていると考えられる。配偶者や子どもがいる場合、自然にネットワークの中心を成しており、生者として、親せきやきょうだい、死者として、その家族の出した死者ないしは先祖が、ネットワークの外側層に入っている。このネットワークもまた例外なく家族関係を中心としたものであり、家族以外の人がこの構造になかなか入れないのが現実である。換言すると、家族成員のみを自分のネットワークに位置する傾向が強く、過去に発表した拙論（郷堀ほか 2009）と同様の結果が得られている。

『内在化した情緒的関係』はともかく、『希薄化した情緒的関係』ともなると、右記の構造がみられる（図23参照）。すでに述べているように、死者が生前成し遂げたことに対して尊敬あるいは感謝したり、祟りを恐れて供養をしたりして、死者とは無関係であるとはいえない。しかし、死者が自分を支える存在であり、自分にとって大切な存在である、と一切意識していない対象者は、この『生者世界中心型ネットワーク』をもっている。

ここでも、やはり家族が中心となっているが、配偶者などと死別したケースにおいて、

〔一本杉のように（笑）…おらしかおらん。子どももきょうだいもいない…子どもが近いところにおらん。弟も能生におったけんど、肺がんでしんでしまったせいさ〕

とU氏【男性、91歳、ケア、真宗】が孤独感を感じさせるように語っている。要するに、死者との関係性を拒否することによって、死別などによるネットワークの人的資源減少がさらに加速されることになる。

だが、R氏【男性、86歳、ケア】のように、自分を支えるものとして他者とのつながりではなく、

〔健康第一だからさ、漁業をやって身体を鍛えたから、兵隊にもいって身体が丈夫になった…丈夫な身体が支えとなって、兵隊検査に合格して、天皇陛下に尽くして、親にも孝行できた〕

と自分の力、自分自身の健康状態を重視する価値観、それを土台とした生き方について話している。したがって、ネ

ットワークが異界と切り離されても、死者とのつながり以外のものに価値を見出そうとしている彼らの生き方としては、全く問題ないということになる。終章では、この現象も含めて、他者である死者とのつながりと生き方との関連について考察を深めていきたいと考えるため、ここではこれ以上触れないことにする。

以上のことから、インタビュー調査を踏まえて、異界とのネットワーク構造としての四つのパターン、そしてそれに内在する八つの要因が抽出された。その異界とはどこにあるのか、つまり死者のすむ場所はどこにあるのかについては、波平（1990）の指摘と同様に、明確なイメージがなされていないのである。死者に対して話しかけたりなどして親しく振る舞っても、その死者のいるところがはっきりしておらず、曖昧な概念しか存在しない。にもかかわらず、死者たちとの二者関係が成立し、コミュニケーションまで可能である。

第三節　各世代の目でみた死者　～アンケート調査を中心に～

これまで述べてきた死者との関係性は、はたして対象地域の高齢者のみにみられる現象なのかについて、本節で吟味していく。大正生まれ世代における死者とのつながりを書き留め構造化する段階に留まらず、研究をさらに展開させていき社会へと還元させたいのであれば、「今」の時代を生きている若年層などの他の世代にまで視野を広げる必要がある。また、フィールド調査ですでに複数の世代に注目しており、対象地域のほんの一部を捉えた「アップ」ではなく、できれば「立体図」のような形を目指していることも、アンケート調査実施に至った理由の一つである。複数の世代にまで視野を広げることによって、前項で論じた死者に対する思いや行動は、対象地域においてどこまで浸透しているのか、どこまで受け継がれているのかについて、その答えがみえてくるはずである。そして何よりも、死者とのつながりは、今、この時代の生き方に合わせてどのように変容してきているのかについても、考察の手がかりになるものがアンケート調査を通じて得られるはずである。さらに、言うまでもなく、いのち教育・終末高齢期医療および介護へと提言するにあたって、インタビュー調査の対象となった八〇を超えた高齢者と、家庭、学校、地域、病院などの様々な場面で関わっているその他の世代の人たちの考え方を明確にすることが不可欠であろう。

アンケート調査は、量的手法であり、インタビューやフィールド調査よりはるか多い人数を一挙に対象とすることはできるが、そのようにして収集したデータは表層的であり、潜在的意識や詳細な行動にまで及んでいないのである。さらに、大正生まれ世代より下の世代に焦点を当てたことにより、このアンケート調査は横断的アプローチとなり、異なる生活経験、異なる価値観をもつ者同士の比較となるため、強力な証左を手にすることができない可能性もある。しかし、対象の世代に共通しているものは、環境、つまり対象地域であるため、四世代にわたる対象地域の「立体図」が姿をあらわせるはずである。

上記の理由によりアンケート調査を実施した。簡単に言うと、インタビュー調査に応じた大正生まれ世代にとってのひ孫、孫および子ども、この三世代を対象にしたが、結果および考察を述べる際に、各世代の回答を簡単に照らし合わせるために、一番下の世代を子ども（五二名、平均一二・六歳）とし、その子どもからみた親（五八名、平均四三・八歳）、祖父母（二五名、平均七〇・八歳）と表記している。なお、アンケート用紙は付録に掲載している。

第一項　むこうから見守っている死者たち　～死者に対する意識～

さて、第一に、死者に対する意識に注目しよう。インタビュー調査では、死者が私たちを見守っており、支えている、という『守護』および『支え』と分類したポジティブな要因が浮き彫りになった。アンケート調査でも同様に、「亡くなった人（先祖）は、私たちを見守ってくれている」という問いに対して、三世代とも肯定的な見方をみせており、いずれの世代においても、賛成と答えた割合が有意に多い。

また、「亡くなった人とのつながりは私たちを支えている」という問いに関しても、同じである。賛成している人が、いずれの世代においても有意に多く、死者を支えとして位置付ける強い傾向がみられた。

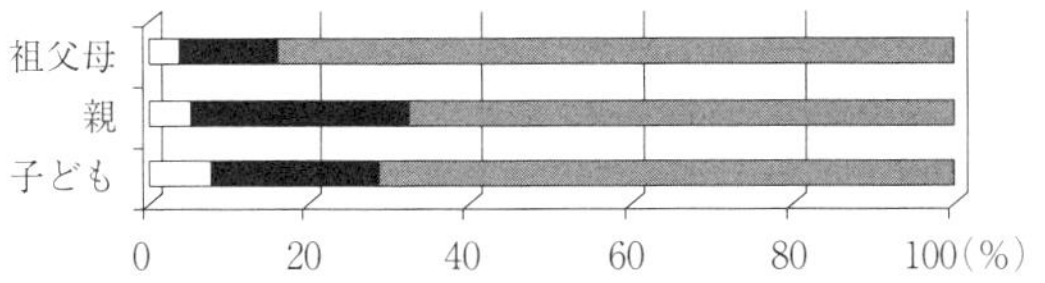

図 24　「亡くなった人（先祖）は、私たちを見守ってくれている」という問いに対する回答（n＝135）

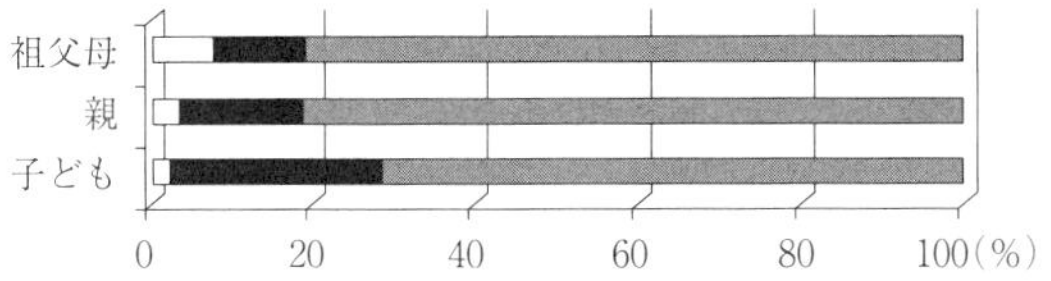

図 25　「亡くなった人とのつながりは私たちを支えている」という問いに対する回答（n＝135）

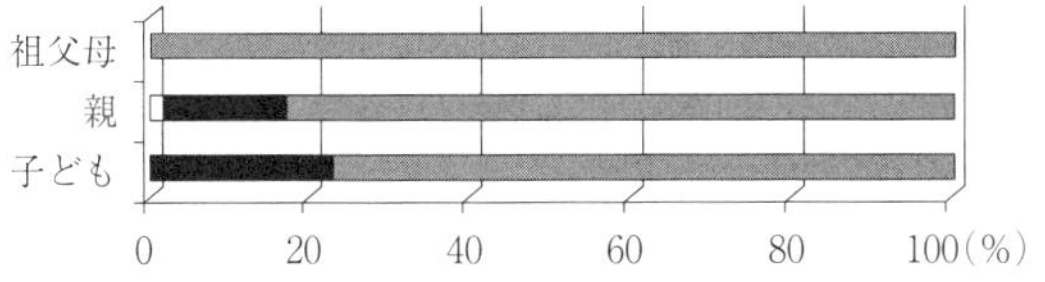

図 26　「亡くなった先祖がやってくれたこと、残してくれたことに対して感謝している」（n＝135）

　次に、死者との擬人化した親しいつながりでなくても、死者との関係を作りだす『感謝』の要因、すなわち「亡くなった先祖がやってくれたこと、残してくれたことに対して感謝している」のかについても、上記とほぼ同様の結果が得られた。とくに祖父母には、先祖に対する感謝の意を否定する回答者が一人もおらず、肯定的傾向が確認された。だが、ここでもっとも注目したいことは、世代の間に全く差が生じないところである。χ^2検定を行った結果、有意差が認められず、上記の三つの側面から形成される死者に対する意識は三世代に共通するものであり、ほぼ一致している見方がみられた。

　しかし、これまで何度も触れたように、祟る死者という恐ろしい側面も決して無視できない。アンケート調査では、「先祖によるタタリを防

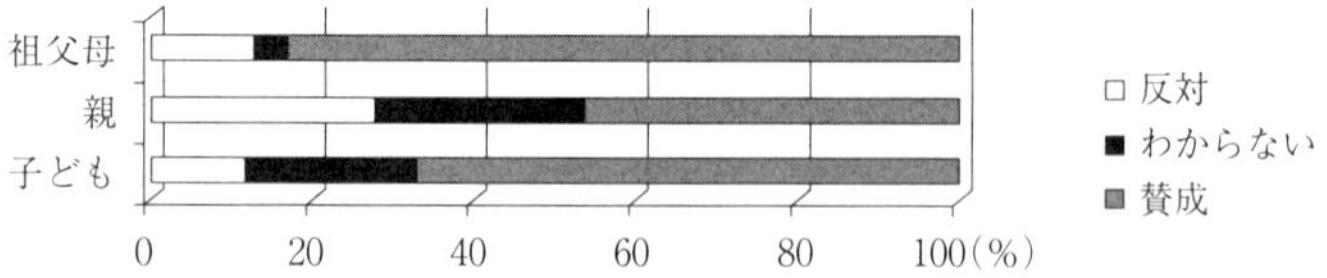

図 27　「先祖によるタタリを防ぐためにお墓参りやお供養しなければならない」という問いに対する回答（n＝135）

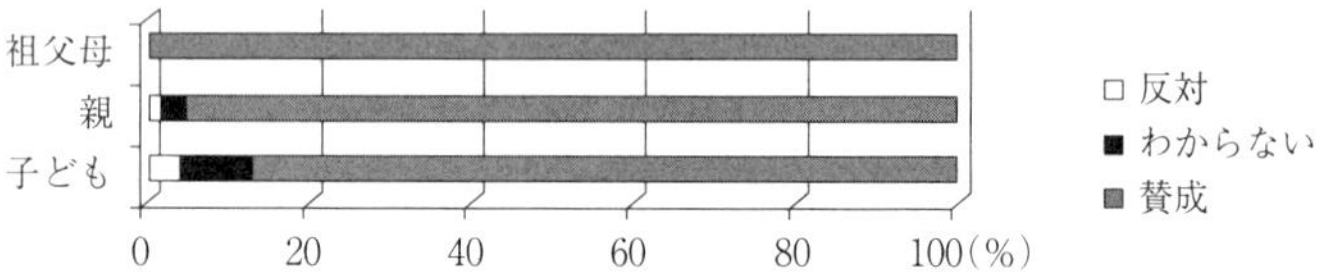

図 28　「毎年、お盆やお彼岸に、先祖のお墓参りをする」という問いに対する回答（n＝135）

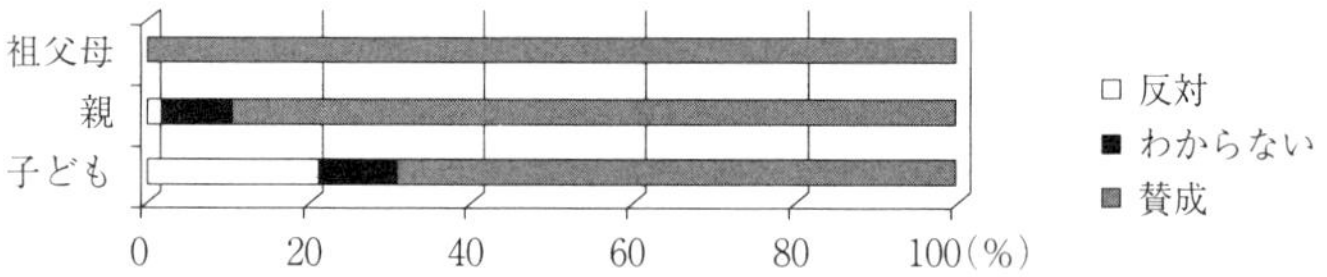

図 29　「たまに仏壇や神棚に手を合わせたり、お供えする」という問いに対する回答（n＝135）

ぐためにお墓参りやお供養しなければならない」とインタビュー調査で最もはっきりとみえた祟りに対する考えを項目として採択した。つまり、死者のもつ恐ろしい一側面を意識しつつも、供養などを行っているため、祟りの心配はない、というのが大正生まれ世代の言い分なのである。これに対して、三世代とも祟りを認めている。

　だが、三世代の差について吟味し、χ^2検定を行った結果、この問いに対して否定的な意識をみせた親の割合がその他の世代より有意に多いことが明らかとなった（$\chi^2(4)=12.659$、$p<.05$）。図27で示されているように、全体の傾向として「祟る死者」という意識をもつ回答者が過半数を占め、「祟る死者」が若干のリアリティを有するといえる。

　ただし、上記の有意差は何を物語っているであろう。物事を現実的に考え、その現実を明らかに超越している祟りといった現象を否定する思考は、昭和四〇年前後に生まれた親の世代に若干強いのではないか、と解釈してもよいのではないか。一方、昭和一〇年頃に生まれた祖父母たちには、「祟る死者」というイメージがまだ深く根付いており、子どもたちにもまた、日常を超えた異界の要素が響いているのではないか、と推考できる。

第二項　仏壇の前で手を合わせる　～死者に対する行動～

死者に対していかに振る舞うのかについては、「毎年、お盆やお彼岸に、先祖のお墓参りをする」と設問した。その回答は図28で示しているが、言うまでもなく、世代間の差が確認されなかった。ほとんどの回答者が盆などを機に墓参りを行っており、墓を死者との関係を媒介する場として位置付けた仮説の一つの裏付けになると考えられる。

一方、仏壇はどうなっているのかというと、「たまに仏壇や神棚に手を合わせたり、お供えするか」という問いに対して、図29で示した回答が得られた。祖父母の世代では、全員そうしていると答えたのに対し、仏壇を通して供物などしない子どもが二割にのぼっている。χ^2検定の結果、この割合はその他の世代より有意に多く（$\chi^2(4)=19.021, p<.01$）、意識の面とは異なり、行動に関する相違点が浮き彫りになった。盆などの非日常の場面において子どもたちは行事に参加しているが、日常では、仏壇を媒体にし、死者に対して振る舞う子どもが少ないということになる。

しかし、このような結果はむしろ自然なものである、と繰り返して強調したい。たとえば、親との死別などを経験して初めて仏壇に手を合わせるような行為を行うようになることがごく自然な展開であり、そのような経験を有する子どもはまだ少ないはずである。故に、死者に対して日常的に振る舞う必然性は湧いてこないであろう。

だが、こうした行為を行っている親ないしは祖父母の姿をみながら子どもたちは成長していくことから、大正生まれ世代にもみられたこの行動は、対象地域においてこれからも受けつがれていく可能性は高いといえる。

第三項　死者の魂が宿る場所

最後に、「お盆やお彼岸のときに先祖の魂が帰ってくる」という盆行事の根底にある事柄に対する意識についてた

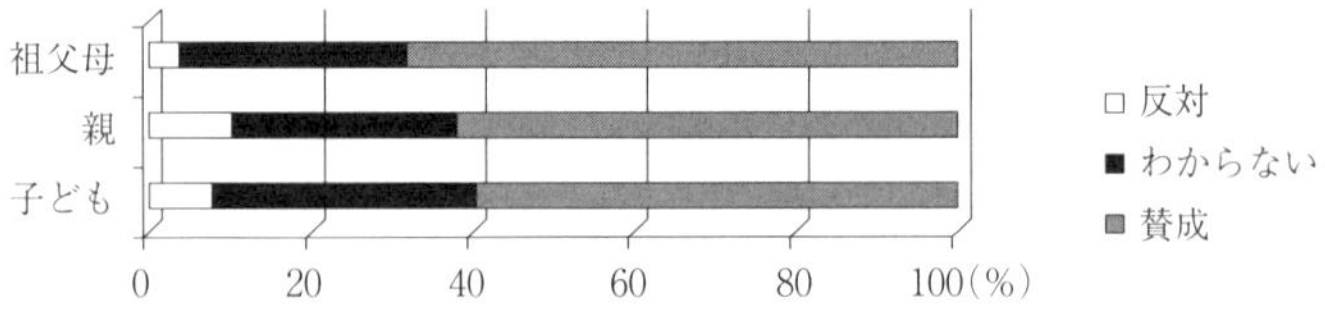

図 30　「お盆やお彼岸のときに先祖の魂が帰ってくる」という問いに対する回答（n＝135）

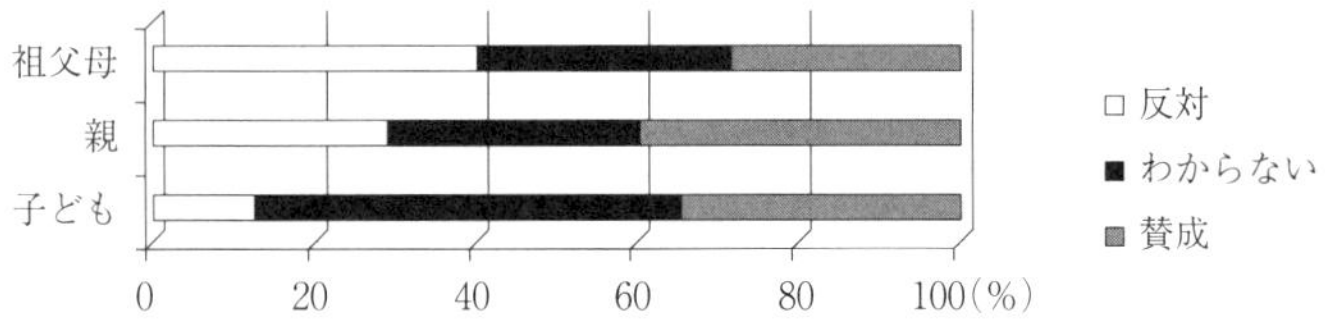

図 31　「死後の世界（あの世、来世）は存在する」という問いに対する回答（n＝135）

ずね、その死者の魂が宿る場所、すなわち「死後の世界（あの世、来世）は存在する」かどうかについてもたずねた。返ってきた回答は下記のとおりである。

ここでもっとも注目したいことは、上記の二つの質問に対する賛成と回答した対象者の割合である。「死者の魂が帰ってくる」ことを認めていながらも、その死者の魂が宿るはずの死後の世界の存在については、否定的回答と「分からない」という回答を合わせると、いずれの世代において六割前後と高い割合を占めている。これは、インタビュー調査でもみられ、波平（1990）もまた指摘している現象に当たると考えられる。つまり、死者の世界に対する明確なイメージはないものの、死者を身近に感じたり、死者の魂、すなわち死霊の存在を意識したりしている傾向である。一見、矛盾しているようにみえるが、死者の魂はこの国に留まり、遠くにはいかないとの柳田による提言と照らし合わせれば（柳田 1946）、矛盾することなく、この現象は成立されるだろう。このような死者の世界、すなわち異界は、生者の身近なところにあり、ときには墓になったり、時には仏壇を通してあらわれたりすると想定できる。

第四項　まとめ

高齢の祖父母世代のみならず、対象となった子どもたちまで死者とのつながりを肯定的にみており、人生の支えとして認識していることが明らかとなった。特定の地域とはいえ、複数の世代が死者に対して共通の概念を抱いている姿が浮き彫りになった。

しかし、この小規模なアンケート調査は補助的なものとして位置付け、結論へと導く根拠というより、本研究で追求している全体図を完成させるための一つの手がかりに留めたいと考えている。さらに、「良い」ないしは「正しい」と一般的にされる回答を（無）意識的に選び、いわゆる「いい子ちゃん効果」が若干生じている可能性も完全に否定できない。とはいえ、もしそうであるとしたならば、上述した死者とのつながりの有様を正しいとする共通観念、あるいは価値観が広く共有され、複数の世代にわたって深く根付いているということになるであろう。したがって、上記の留意点を念頭に置きつつ、このアンケート調査の成果からみえた事柄も踏まえて終章に臨みたいと思う。

注

（1）精霊花《しょうらいばな》ともいう。
（2）表3および図19で明らかになったように、擬人化した情緒的関係を有する男性対象者がいないため、ここも、専ら女性の対象者の話になる。
（3）Hashimoto, A. & Ikels, C.（2005）Filial Piety in Changing Asian Societies. In: *The Cambridge Handbook of Age and Ageing*, Cambridge University Press, pp. 437-442 などを参照。
（4）坂本佳鶴恵（1990）「扶養規範の構造分析」『家族社会学』二、五七―六九頁などを参照。
（5）高齢者痴呆介護研究研修東京センター（編）（2004）『利用者の生活を支えるユニットケア施設におけるケアと管理・経営』中央法規、または、上野淳（2005）『高齢社会を生きる：住み続けられる施設と街のデザイン』鹿島出版会、五〇―五四頁、などを参照。

終章

今、なぜ死者を語るのか
～比較文化研究からの問いかけ～

第一節　この研究の意義と限界

第一項　フィールドワークを振り返って

対象者の日常生活に近づき彼らが歩んできた人生に関する語りに耳を傾けたが、みえてきたのは、本論を貫く課題としての日本の村落社会における生者と死者との関係性の有様、そしてその背景にある諸要因である。本研究を出発させた死者との濃厚かつ直接的なつながり、本論で言う死者との『擬人化した情緒関係』が確認された他、一定の距離を置きながらも死者との何らかの関わりをもつ対象者の姿が浮き彫りになった。これらは日本人のコスモロジーの一角であり、日本文化の僅かな一部である。

しかし、対象地域に今日も息づいている生者と死者とのつながりは、現代社会の中の居場所を次第に失い、やがて姿を消しかねない。本研究では、敢えて大正生まれ世代に着目したが、同じ地域に住む若い世代に焦点を当てたならば、おそらく異なる結果が得られただろう。したがって、現代社会に合わなくなりつつある死生観の一部を書き留めてまとめたこと自体が、本研究の意義を示している。

すでに触れているように、本研究には限界性が生じている。その限界性は特定の地域のみをフィールドとしたことに起因している。とくに、地域性が死者と生者とのつながりをどこまで規定しているのか、データの一般化がどこまで可能であるのかは、課題といえる。また、インタビュー調査の男女割合をみると、女性が男性より多く、分析の材料となった口述には女性の声が優位である。よって、フィールドで浮き彫りになったつながりが女性たちの生き方と考え方を大いに反映しているといったバイアスがかかっているかもしれない。さらに、本研究では、地域のモデルを用いて、漁村から山村まで、そして地域に位置する施設までと広い意味での地域社会を扱っているが、とりわけ死生観や他界観について漁村と農村と山村の間にかなりの相違が生じる可能性はある。しかし、対象者の人数、またはデータの制限があり村落社会内の違いや共通点に関する分析および考察は不可能である。これらを今後の課題にしたいと考えている。

第二章第二節で抽出した各パターンと各要因が不変的かつ固定的なものではなく、枠組を規定するものだけのものであるとすでに述べている。というのは、対象地域にしか観察できない中身ではなく、その輪郭を規定するもの、そのエッセンスを手にしようとした。そこからある程度普遍的なものを見出すことができたといえる。したがって、確かに極めて限定した対象に関する研究ではあるが、対象現象の様々な現れをパターン化したことによって、本研究の対象以外の地域や文化すなわち異なる標本にも適用できると考えられる。しかし、これらを確立させるために、比較研究などを行い検証する必要があり、新たな課題として今後の研究活動へと持ち越されることになる。

第二項　異界とのネットワーク

対象地域において、死者のすむ異界は仏壇や墓などを媒体装置として至るところに存在しており、リアリティを保ち続けているといえる。近年、河童や狸のような異界の住民たちがリアリティを失っている中、死者は、今もなお、生者と二者関係を持ち得る。さらに、生者に対して語りかけたり、生者を左右したり、生活空間の向こう側に常に息づいている存在であるといえる。その背景には、生者に決してその秘密を明かさない死そのものがある。死んでみないと、死後の世界が存在するかどうかは誰にもわからない。つまり、生前体験できないものであるがゆえに、死、そして死者もまた秘密を帯びており、異界の有力な住民であるといえる。

本論では、ネットワーク論を用い、死者もネットワーク・メンバーになり得ると仮定し、死者との関係性をめぐる再考および再構築の必要性を訴えた。そして、本研究を通して、死者を含むネットワークが類型され確認された。このようにして、日本人の高齢者に適した新たなネットワーク・モデルが浮き彫りになったことの意義は大きいといえる。

しかし、死者との関係性、ひいては異界とのネットワークが現代社会を左右する傾向とトレンドに果たして合っているかどうかは課題である。「人間は生活的現実とは異なる想像上の次元の世界の実在性について何らかの確信を抱くことを必要としている。世界の諸文化がいずれもそうした超越的世界についてそれぞれ固有の観念を用意している事実は、証左である」と百川（2007）が指摘しているように、異界は諸文化において求められており、各国各文化に通ずる概念である。だが、科学文明社会では人間世界の彼方にあるもう一つの別の世界、すなわち異界を拒否しており、現世中心主義や人間中心主義の傾向が強いため、死者の世界や目に見えない現象を語るのは難題である。本書の第一章第三節で紹介した佐藤弘夫の研究においても、近現代に入ってからは、膨らんでいく現世とは対照的で、他界が次第に縮小してきたことが示唆された。ましてや、異界や死者、神の領域まで否定してきた現代チェコ社会ともなると（次節を参照）、異界とのネットワークは不要のものになる。

死者と生者を結ぶ異界とのネットワークの類型化が本研究の目的でもあったが、今後、その適応性と有効性について検証する必要がある。日本の村落社会が提供したモデルを適用し、患者や施設利用者、または悲嘆ケアを要する遺族などを対象とした実践的かつ実証的研究を実施しない限り、本研究で得られた異界とのネットワークは一仮説に過ぎないということになる。

第三項　死者とのつながりと生き方

生者を支える死者、さらに「死者のおかげで」と表現された生者による感謝の対象となる死者は、当然ながらこの生者たちの生き方にも影響を与えている。ましてや、人間の世界を超えた存在として、なおさらそうである。換言すると、個人的レベルにおいて、亡くした親しい人とのつながりを持ち続けることによって、自分のアイデンティティも維持でき、死者を人生の支えとなる存在として位置付けることが可能なことは、フィールドで確認済みである。翻って、個人的レベルでは、死者を支えやアイデンティティを維持する要因として意図的に設定することもある。これを可能にする装置とは、記憶である。いわゆる〝いい記憶〟、極端に述べると、生者にとって都合のいい記憶を意図的に作るということである。これは〔いい思い出しか残っていない〕という対象者の言い分に代表されるのではないかと考えられる。死者と対話しながらも、死者の発言を検閲しているかのようである。死者に口ありと言いながらも、実は死者の口を閉ざすのである。高齢期の場合、個々人を支える人的資源が減少している中で、対話の相手であり、支えであるという死者を生み出すのは、まさに生き方であり、生きるストラテジーである。

しかし、この次元を超え、死者は同時に、超個人的レベルにおいて決して扱いやすい他者ではない。その証左となるのは、『守護』すなわち生者を守る死者、または『感謝』の気持ちの対象となる死者である。「死者（先祖）のおかげで生かされている」と表現されているように、生者の世界を超えている存在としての性質をもってあらわれたりするのである。むろん、これらは、ポジティブな意味のみをもつというわけではない。生者の世界を超越している存在であるがゆえに、時には祟る死者として、恐ろしい死者としてあらわれてくる。生者から死者へのプロセスを遂げ、異界の領域に入ったことにより、死者は、生者の世界を超えた立場から、境界を通して生者に影響を及ぼし生者を左右しているといえる。

死者は生者に一種の眼差しを提供しており、現実世界とは異なる次元や奥行きをもたらしているといえる。いうまでもなく、生き方との関連が強く、超個人的レベルにおける死者との関係が失われれば、上記の眼差しといった倫理的装置もそのまま消えゆくであろう。しかし、異界を否定したことによって、「皮肉なことに、現代人は、自分たちの社会を見つめ直すための『思考方法』としての『異界』、(中略)の重要性に気づいたのであろう」(小松 2003:187)。同様に、科学万能の現代社会では、死にまつわる事柄や死者を日常から追放したが、それがやがてスピリチュアルブームとして、霊魂話や妖怪話のブームとして、もしくは「死のポルノグラフィー」[1]といった現象として現れてくる。このように死や死者と離され、死のリアリティを失った社会の中では、「霊魂のマグマだけはいろいろなところで出てきてしまっている。(中略)それがさらに商品化されていく」と新谷(2009:145)は解釈している。したがって、日常から追い出され、抑圧されてきた生者と死者を結ぶネットワークの構造とそのような関係の必要性に関する再考を行ってきたことは、拙論における有意義な課題である。

本研究では、終始専ら死者に注視しているが、死者との関係がすべてではない。生き方に関しても同じである。死者との関係を自己の支えとして認識している人もいれば、死者にほとんど関心を払わない対象者もいる。戦場から故郷へ帰還し、農業の傍ら都市部で出稼ぎをしてきた男性の対象者たちは、その具体例である。死者を尊敬し、先祖に感謝し敬っても、死者を自分の支えとして認識していないケースもあった。死者どころか、生者とのつながりに関しても同様である。人生の危機が訪れたときの支えを、自分自身の身体、自分の力に求めたりしているからである。これは、大正生まれ世代だけの話ではない。アンケート調査でも人生の支えについて設問したが、インタビュー調査と同様に家族を支えとする回答が最も多く、その他友人や周囲の人々など人間関係に回答が集中した。しかし、少数ではあるが、神仏、学校、仕事、自分自身、趣味やペットなどを支えとするといった回答もみられた。

したがって、人と人とのつながり（そして死者とのつながりも同様であるが）は、確かに重要な要素として生き方に影響を与えているが、唯一の支えではないことを忘れてはならない。前章で構造化した異界とのネットワークもこの証左となる。死者を中心とするネットワークもあれば、生者の世界だけで完結されるネットワークもある。

第二節　東と西の間をまたいで　～東西の相違点および共通点に関する一考察～

第一項　死者に口なし

筆者は常に日本人と接している中で、意識的あるいは無意識的に、西洋の文化的コンテキストで育った眼で日本をみている。仏壇や死者に向かって話しかけている高齢者の姿を、日本に来て生まれて初めて目にしたことが、本研究の方向性を示したものである。まさに出発点となった。なぜなら、西洋文化・欧州の現代社会を背負っている筆者にとって、それは驚きの場面でもあり、好奇心を強く刺激された出来事であったのだから。

今日のヨーロッパでは、故人の媒体である遺影に話しかけたり、日常の出来事を報告したりすると、一種の精神病だと言われかねない。欧米では、死者とのコミュニケーションを取り続けることが不可能であることについて、親を亡くした子どものケアをする世界的に有名なダギーセンターの所長を務めているシュールマン（Schuurman. D.）氏が、下記のように述べている。「写真に話しかけたり、亡くなった人をみたと信じたりすれば、変だと思われるからでしょう。けれども、それは子どもには大事な経験なのです。そのため色々な意味で、この分野において日本の文化はアメリカより深いように思います」（シュールマン 2009：55）。シュールマンは悲嘆のケアでの経験を踏まえながら記述しているが、死者との直接的なつながりを持ち得ない欧米社会の現状をはっきりとさせている。この現象の背景には、合理主義や現世主義の原理を取り入れた、とくに米国と西欧社会の有様が少なからずあると考えられる。そして、もう一つの要因として考えられるのは、死のタブー視である。つまり死、とくに身近な人の死を語れない社会といった現象である。

一方、近代社会のこのいわゆる典型的な姿は、最も強力な要因ではない。死者の口を封じたのは、世界宗教であるキリスト教である、と池上（2002）は解釈している。つまり、「一般に世界宗教と呼ばれるような大宗教は、それまでの社会にあった死者との直接交流、直接対話を、何らかのかたちで抑えようとしました」という主張である（池上 2002：129）。死後の世界のように、人間の死や死者との関係、すべてを絶対的な存在である神の下でまとめ完結しようとしているキリスト教は、死者との個別的かつ情緒的な直接のつながりを自分の領域にしたということである。さらに、波平（1990）は、「日本人において生き残った者が、死者との断絶を拒否するどころか、絶えず、自分の思いを死者の言葉で代弁するというやり方を採用している」のに対し、「キリスト教文化が、生者は死者たちとのはげしい断絶への意向を持っている」と分析している（波平 1990：33）。この相違点には、スミス（Smith 1983）も気づいており、異論がないであろう。

第二項　深層に潜んでいる死者との関係性

しかし、池上（2002）も指摘しているように、キリスト教以前には死者との直接交流や対話があったという点もある。エリヤーデ（Eliade 1964）は、数多くの祭祀や民俗を紹介しながら、死者と生者との交流について論じている。西洋文化の大黒柱であり、何世紀にもわたってヨーロッパの文化に影響を与え続けている古代ギリシアでは、祖先崇拝に類似したものや、死者との直接交流がみられる。基層文化に関する筆者の考えが正しいとすれば、キリスト教の影響を受けつつも、一つの原点として死者と生者とのつながりは形式を変えながらもどこかに潜んでいるはずである。

その証左となるのは、キリスト教が広まった後の時代の民俗である。エリヤーデやマーハル（Eliade 1964：Máchal 1995）などが紹介しているように、キリスト教が伝来されて唯一の宗教としての定着を遂げた後も、死者との直接交流を土台にした行事は行われていた。さらに、少なくとも中世までのヨーロッパでは、「死者は生者をつかんでいる」[2]という言葉があるように、死者は生者に対してかなりの影響力をもっており、生者の日常を直接に左右する力を有していたということである、と、シュミット（Schmitt 1994）は述べている。その背景には、ゲルマン、スラブやケルト民族のキリスト教以前の宗教の影響があり、死者ないしは死霊を対象とした信仰が強い影響を及ぼし続けたと推測できる。生者による想像や夢を通して、あるいは生者の内なる世界に死者が生かされ、そういった死者を含む異界は、中世の人々の世界観の構成的部分であった。ただし、一神教であるキリスト教が主な宗教となった文化圏では、そういった直接の関係性が次第に失われ、究極的な存在である神にすべては集中してしまうということになる。要するに、死者とのつながりや死者そのものは、神の領域の中に吸い込まれ、完結されることになる。他者という領域、つまり人間が関係性を持ち得る領域から死者は消失され、本研究で解明を試みている死者との直接のつながり、とりわけ個々人のネットワークに位置される死者とのつながりは、成立しない環境となったのである。つまり、「従来のヨーロッパ由来の見方をものすごく単純化して、図式化していってしまうと、人の領域とこの無限大の極限だけがクローズアップされて、中間の他者の領域が消えてしまうのだ。たとえば、宗教とは絶対者、あるいは究極的存在との関わりであるというような言い方がしばしばされるが、そうすると両者の中間がなくなって、一気に極端に飛んでしまう。」[3]しかし、たとえば神社に初詣に行く時、別にその神様を究極的な存在だなんて思っているわけではない。このように、普通の人間同士の相互了解関係でもなく、かといって一気に絶対者にいってしまうのでもないような、そういう中間的な他者を考えてみたらどうだろうか。そして、死者というのは、いわばその他者の一つの代表として考えられるのではないか」と末木（2009：28）は日本宗教史の視点から死者の位置付けについて考察している。

しかし、ヨーロッパにおいては、上記の中間をなくし絶対的な存在をもたらしたのは、キリスト教であろう。キリスト教伝来以前のスラブ系民族は、様々な祭祀を通じて死者との直接交流を行い、林や森との境で死者をからかうような形で呼び出し、対話を試みようとした事例が報告されている（Máchal 1995）。それに対してキリスト教では、いわゆる「異教」の影響を抑えるために、一〇世紀のフランスで「死者の日」という祭祀を設立させた。そこから欧州全域にわたって定着したこの祭祀は、死者との直接な交流に代わって煉獄という概念を導入する。当時、現世で罪を犯した死者たちの魂は天国へ行けず、煉獄に留まっていると説かれ、「死者の日」の祭祀を通して、煉獄に留まる期間を短縮できると信じられていた。このようにして死者は神の領域に入り、死者との直接交流が失われることになる。その代わりに、煉獄と天国の概念をもとにした追善供養のような、死魂の清めを祈る形となった。宗教家が媒体となり、もはや「交流」という形態ではなく、すべて超越的存在であり絶対的存在である神の領域になったわけである。

一方、周知のようにメキシコでは、何千年も前から続く遺骨を飾って拝む伝統的信仰がキリスト教の儀式と融合し、子孫のもとへ戻った死者の魂との交流が今もなおなされている。墓の派手な飾りはあまりにも有名であるが、死者について語り合う、酒を飲み、食事をしながら死者と語り合う民俗もあり、死者との直接のつながりを今日に至っても色濃く残しているといえる（Salvador 2003）。これらは、基層文化が現代人の暮らしに及ぼす影響の一つであると考えられる。

さらに、メキシコ独特の行事のみならずヨーロッパでも、時代によって死者との直接交流を求める傾向が現れてくる。死者や死霊をある意味でロマンチックに捉え、場合によってはオカルトの影を見せる動きもあるが、休日に家族を墓地へ連れて行き、故人と共に沈思することが流行していた時代もあった（Aries 1977）。とりわけ一九世紀のイギリスでは、とくに墓地を媒体とし、死者と対話したり死者に対する感情を表すことが社会的にも認められており、当時の記録や墓石に刻まれた文章が物語っている一般的な現象であった。しかし、キリスト教の立場としては、このアリエスのいう「擬人化した終末論」(Aries 1977：336)を批判し、否定することになった。一六七〇年代頃までは、感情表現として認めようとする声もあったものの、その後、教団の代表者は死者との直接のつながりを強く否定し、早くも自分の領域、神の領域に取り戻そうとした。その結果、近代に入って死者との直接のつながりは再び否定されることとなった。

一方、二〇世紀後半に入っても、死者との交流が社会的に認められなくとも、深層に根強く残っている証拠をみいだすことができる。ゴーラー(Gorer 1965)が六〇年代に実施した調査では、高齢者のみが死者との交流を行い、死者と対話する姿が浮き彫りになった。しかし、主な傾向としては、葬儀または墓地の意義が次第に弱まり、死者だけでなく死そのものを生活空間から追い払おうとする社会となった。ゴーラー(Gorer 1955, 1965)が主張しているように、死を語れない社会となり、悲嘆や死別による悲しみをみせない社会となった。そして、一九世紀後半から二〇世紀にかけて土葬に代わって火葬がますます多くなり(4)、墓という死者との接点を意図的に持たない人が今も増えていると報告されている(Aries 1977；Drazí zesnulí, skromní pozůstalí 2009)。

第三項　チェコからの一報告

さて、これまで述べてきた事柄について、筆者の母国チェコという具体例を用いてもう一度考えておこう。欧州の中央に位置するチェコでは、技術と科学の発展もさることながら、四〇年にわたる共産主義政権下で伝統・信仰・宗教が弾圧を受けた。それを背景に、無神論者すなわち宗教をもたない人が総人口の六割ほどを占め、高い割合をみせている(チェコ統計局 2001)。その結果、死後の世界を軽視し、死者との関係性を求めず、葬送儀礼という意味での葬儀を行わない人が増えつつある(Haškovcová 2000；Cesta domů 2004)。その一方で、死に対処できる装置を失い、医療現場のみならず社会全体に死にまつわる諸現象に対する戸惑いやタブーが生じた。死者や死を語れない、ある意味で代表的な西洋の現代社会といえる（Cesta domů 2004）。死者との直接的なつながりを否定し死者の口を閉ざした社会は、ここにもあるといえる。さらに、日本と同様に約八割のチェコ人は自宅で最期を迎えることを希望しているのに対し、実際は八割のチェコ人が病院や福祉施設で亡くなる。

筆者は、チェコで行った調査を既報にまとめているが（郷堀 2010a）、ここでは、現代チェコにおける生者と死者との関係性をめぐって考察を行うことにする。無宗教の社会ともいわれながら、一一月上旬の「死者の日」という行事は、依然として執り行われている。本論の核心を成す日本での調査を意識しつつ、筆者は、二〇〇九年秋にこの祭祀の参詣者を対象に、フィールドワークを実施した。むろん、墓をもたない人口が増えている中、いわゆる墓参りを行うサンプルは、適切な標本とはいえないが、「一年に一度くらい故人のことを思う」「故人のためにお墓をきれいにしなくては」という口述がみられ、死者を意識し、または墓を死者との何らかの接点として考える傾向がある、と推測できる。ただし、日本の寺参りに相当するミサへの参加は極めて少ない状況である（Stálá rada české biskupské konference 1999, 2004, 2009）。

さらに、上述したフィールドワークの一環として行ったインタビュー調査に応えたチェコの高齢者の大半は、他界や死者とのつながりをほとんど意識しておらず、現実の世界に価値を置きながら、この世から去ったものとのコミュニケーション、ましてや支えのような働きをまったく期待していないというのが最も多いパターンであった。

図 32　死者の日はロウソクと花を墓に飾る

図 33　亡き夫と一緒に写っている写真を本棚の上に飾る

だが、亡くした夫の写真を飾り[5]、ほぼ毎日亡き夫に話しかけているという対象者が一人いた[6]。「ここにはいないけど、ずっと一緒にいる。」と彼女は語っており、亡き夫を自分の支えとして位置づけている。これは、筆者が取り組んでいる調査で明らかにしようとしている日本の高齢者の多くがもつ感覚に近いものである。この対象者は、「主人[7]、天国からみてくれているよ」と話しており、墓の他に、夢や思い出を死者との接点として意識している。しかし、彼女はさらに、「こんなことを友だちに言ったら、笑われてしまうの。死んだ人に話しかけてどうするのって言われる」と話し、亡き夫とのつながりについて他人に話せない、この心情を他人と共有できない悩みを表に出している。つまり、この対象者のもつ死者とのつながりが社会的に認められていないというのが実態である。

第四項　悲嘆ケアにおける死者とのつながりの再発見

ゴーラー（Gorer 1965）が六〇年代に行った調査と同様に、無宗教の社会とも言われる現代チェコでさえ、死者との直接的関係性は、潜在的意識として息をひそめているといえる。死者との直接関係を禁ずる宗教、宗教そのものを否定する共産主義、それに個人主義や合理主義といった影響を受け、科学と技術を重視しながら現世中心主義の路線を走ってきた西洋文明は、一種の限界にたどり着いたといえる。アティグ（Attig 1996）は、死を否定し死者との関係を断絶した欧米社会における悲嘆を、多くの社会病理を引き起こす原因として考え、親しい人や身近な人との関係性を維持する必要性を、健全な生き方として訴えている。死を超えたつながりを最初に提唱したのは、クラスである（Klass et al. 1996)。クラスが「続きゆくつながり[8]」の理論を展開する際に何を引用し、何を土台にしたのかというと、それは日本における死者の供養である。日本における盆行事や仏壇の役割に関する諸研究を西洋の聴衆・読者に紹介しながら、死で別れた後も続くつながりの必要性を訴え、独自の悲嘆ケアを展開している（Klass 1999）。

他にも、ベッカー（2008）は、スタンフォード大学のトランスパーソナル心理学研究所で実施されているサイコマンティウム、すなわち故人との内心対話療法といった取り組みを紹介しており、日本文化の中で育まれた死者との交流には類似した効果がある、と述べている。日本国内でも、大下（2005）や谷山（2008）などが提唱するスピリチュアルケアには、死者との交流や死者とのつながりも含まれており、医療やカウンセリングの分野では、近年、注目されている要素である。

超高齢社会となった今日の日本では、介護やターミナル医療をはじめ多くの領域において死者や死そのものに対する意識、考え方、生き方の再考および再構築を迫られている。医療現場の抱えている死や死者にまつわる諸問題はすでに事例報告などで明らかになっており、死と死者をどう扱うのかが今後の課題である。さらに、これまで述べてきたように、死をタブー視して死者とのつながりを軽視してきた西洋文化でさえ、死者との関係性に関する再考・再構築を試みているところである。しかし、本論でもっとも示したかったことは、日本文化や日本人の自然な感覚には死者とのつながりや死者との交流が含まれているということである。支えである親しい存在と恐ろしい存在という両側面をもつ死者とはいえ、この死者を異界という生活空間の一部の中に位置付けながら、死者に対して振る舞ったりして死者との関係性を持ち得るツールが、日本文化には備わっており今もなお有効な概念である。もし現代日本人にも死者とのつながりが必要であるとするならば、それを「続きゆくつながり」、すなわち「continuing bonds」という逆輸入した概念としてではなく、日本人のルーツとして、日本の基層文化の一部として認識したうえで、この時代に合わせて再構築すべきであろう。

第三節　おわりに

本論をまとめている平成二二年の夏ごろ、大勢の一〇〇歳以上の高齢者の所在が不明になっていたことが発覚した。中には、家族にも、地域住民にも、行政にも気づかれないまま、すでに死亡している者もいた。マスコミを騒がせたこの出来事は若干特殊なケースだが、近年、単独世帯が増加していることを背景に、一人暮らしの高齢者たちが疎外感を抱きながら死にゆく、いわゆる孤独死は確かに増えている。(9) その延長線上には、とくに都会では遺骨を引き取らない遺族の増加や、本来、家族と友人たちが立ちあうべく葬儀を行わず、たとえば、東京都内で執り行われる葬儀の三割を占めていると推測される直葬という事象が急増中(10)であるという事実がある。その他にも、自殺、孤立、高齢者や児童が犠牲となった残酷な虐待など、枚挙に暇がないほど、日本の現代社会は人間関係に起因する多くの問題を患っている。

人間関係の希薄化、家族や地域社会の崩壊が取り挙げられ、NHKスペシャルのタイトルにもなった『無縁社会(11)』もまた、この現象の呼び名となりつつある。「縁」とは、仏教における縁、つまり広義として、結果を生み出す原因という概念はさておき、巡り合わせ、または、物事とのつながりや肉親などのつながりと一般的にされている。中村(1994)がまとめているように、「一切の事物は、相互に限定し合う無限の相関関係をなして成立している」というものである。だが、このような縁をもたない、または、もち得ない現代人が増えているということなのである。

しかし、本当にそうなのであろうか。平成二二年の暑いお盆の時期に田宮氏を訪れたときの言葉が思い浮かぶ。日本的死生観を土台とした看護や終末期医療として「ビハーラ」の構想(12)を提唱した田宮氏に、家族のいない患者のために建てられたお墓をみせていただいた。墓石に刻まれた、親鸞聖人の教義を約《つづま》やかに説いた金子大栄の『縁』という字をみた筆者は、無縁仏の話を始めたが、田宮氏から「無縁というのは、この世にいる人たちが勝手に決めることだ。実は、みんな、縁をもってこの世に生まれ、また縁をもったままこの世を去っていくだろう」と指摘された。本論も、この『無縁社会』の実態を分析したうえで、その実態を嘆くようなものではない。今日の社会で忘れられつつある一種の縁、具体的にいうと、生者と死者とのつながりについて考察してきたつもりである。

しかし「近代以降は、神や死者の棲む世界はさらに縮小し限定された。もはや大半の人々は、日常生活において超越者との関わりを意識することはない。無神論を公然と標榜する人々が珍しくなくなり、他界は墓場や怪異スポットといったこの世のごく限定された場所や、暗闇の片隅に押し込められてしまうのである」(佐藤 2008 : 218)。死者のいる世界を軽視し異界を無視する強い傾向があるなら、異界とのネットワーク自体が成り立たなくなる。本研究の核心を成した死者との目に見えないつながりも、現代人には通じない概念となってしまう。社会から隔離され疎外された孤独な生活を送っている人々が、死者との関係性も失ってしまい、人間界のネットワークも異界とのネットワークも空になる。完全な無縁社会となってしまう。

だからこそ、日本の村落社会に培われてきた生者と死者とのつながりは、再考すべく現代社会へと還元させるべきである。さらに、日本から発信すべきである。終末期医療のみならず、西洋国々で暮らす人々の教育や生き方に対しても大いに提言できると西洋人の一人である筆者は確信している。このような死者との関係性の有様について示唆を与えてくれた対象地域の方々に感謝をしつつ、本論の筆を置きたい。

注

(1) ゴーラー(Gorer 1955)が初めて用いた語である。身近な死が日常生活から排除され、タブー視された結果、同じくタブー視されてきた性的行為を扱うポルノグラフィーと同様の社会現象が生じることを意味している。つまり、自分の死あるいは家族や親しい人の死をタブーとしている現代社会では、反対に、戦争・交通事故・パソコンゲームなどにおける死を露出する傾向が強いということである。

（2）筆者による訳。原文は「The dead grasp the living」となっている（Schmitt 1994：221）

（3）つまり、神の領域である。（筆者の補足）

（4）遺体を単なる抜け殻として考える死生観がこうした変化の背景にあるとしばしば指摘されているが、ユダヤ教、そして旧約聖書とともにその伝統の一部を受け継いだキリスト教の中では、最後の審判の際に甦るために魂も身体も必要であり、一九世紀までは土葬が主流であった。遺体を大切にする傾向は今日のユダヤ教にもみられ、墓地を頑固に守ろうとするユダヤ教徒の姿に投影されている。魂と身体を分けて考える、すなわち心身二元論はプラトン哲学とともに誕生し、間違いなく、西洋の思想に大きな影響を与えてきたが、日本と西洋の文化を比較しているリーマンも指摘しているように、遺体を丁寧に葬って最後の審判までのこすとは、西洋人の考え方でもあり、柳田の注目した日本独特の霊魂観、梅原のいう基層文化からみた日本的死生観とは対象的である、と主張している（Liman 2001）ヨーロッパにおける火葬の急増は、科学と技術の発展に伴った宗教役割の衰退、無宗教社会といった現象とともに誕生したといえる（Cesta domů 2004）

（5）チェコでは家族写真を飾ることが一般的であるが、この事例のように、日本の仏壇等に類似した形で、自らオイルランプと花を置いていることが稀である。

（6）属性：性別：女性／年齢：八五歳／居住形態：一人暮らし（農村）

（7）実際は、亡き夫の名前を使っている。

（8）Continuing Bonds

（9）「孤独死」に関しては明確な定義がないため、警察統計上では「変死」に分類しており、統計数字は存在しないが、清水ら（2002）の研究、横浜市の実態調査（2010）や岐阜県政策研究会の報告書（2010）などに代表される日本各地からこの実態が報告されている。

（10）ＮＨＫ news watch シリーズ〝無縁社会ニッポン④〟「直葬」二〇一〇年一月一〇日放送（取材：仙台局　山口満）

（11）ＮＨＫスペシャル『無縁社会』二〇一〇年一月三一日放送

（12）田宮仁（2007）『「ビハーラ」の提唱と展開　淑徳大学総合福祉学部研究叢書25』学文社

謝　辞

本書の基となる研究を行う際、対象地域の皆さまよりご理解とご協力をいただきました。ここに感謝の意を申し上げます。インタビュー調査のご協力をいただきました皆さまをはじめ、資料のご提供や調査活動へのご協力をいただきました吉田惣栄さま、小杉浩基さま、諏訪部寛栄さま、坂井祐円さま、杉田雪子さま、久保田英明さま、その他の方々に厚く御礼申し上げます。この方々との出会いがなければ、この研究、そしてこの書物も誕生しませんでした。

また、研究の成果を書物として公開することができましたことを大変嬉しく思っております。これは、筆者の日本での母校にあたる上越教育大学の出版会のお蔭であります。上越教育大学出版会の刊行物としてご採択いただきましたこと、又、貴重なご意見や詳細にわたるご指摘をいただきましたことに感謝申し上げます。

この本は、筆者の行った博士論文研究を基にしていますが、この研究活動において第一歩から導いてくださいました上越教育大学得丸定子教授に深く感謝申し上げます。又、本論文の取りまとめに際して、貴重なご意見とご指摘をいただきました国際日本文化研究センター長の小松和彦教授をはじめ、岡山大学の野邊政雄教授、上越教育大学名誉教授の内田一成先生、長崎大学の首藤明和教授、聖徳大学の増井三夫教授、上越教育大学の林泰成教授に深く感謝申し上げます。又、多大なご助言をいただきました京都大学こころの未来研究センターのカール・ベッカー教授、真野俊和先生（前・筑波大学教授）、実践女子大学の細江容子教授、淑徳大学の田宮仁教授など、お世話になった方々に厚く御礼申し上げます。

次に、筆者を全面的に支え理解してくれる家族に感謝したいと思います。特に、校閲の際に日本語の表現をチェックし、推敲を共に重ねてくれた妻の郷堀久爾子に感謝しています。

本研究は日本政府国費外国人留学生奨学金により行われたことを付記し、謝意を表します。また、本研究の一部は兵庫教育大学連合大学院国際インターンシッププログラムを利用し実現できたことに感謝申し上げます。

最後になりますが、フィールドで行ったインタビューや観察がフィールドノートに変わり、その後、論文に変身し、やがて本が誕生する際に、多くの編集作業から詳細なご助言までくださいました田中千津子さまをはじめ学文社さまに感謝申し上げます。

引用・参考文献

Akiyama, H., Antonucci, T. C. (2003) A Cross-National Study of Social Relations and Mental Health over the Life Course. In *Newsletter of the Institute of Social Science University of Tokyo*, 27, pp. 9-13.

Antonovsky, A. (1987) *Unraveling the Mystery of Health: How People Manage Stress and Stay Well*. Jossey-Bay Publ.

※参照：アントノフスキー・アーロン（2001）『健康の謎を解く―ストレス対処と健康保持のメカニズム』有信堂高文社、山崎喜比古、吉井清子（訳）

Antonucci, T. C., Akiyama, H. (1987) An Examination of Sex Differences in Social Support Among Older Men and Women. In: *Sex Roles*, 17, pp. 737-749.

Antonucci, T. C., Jackson,J. (1987) Social support, interpersonal efficacy, and health: A life course perspective. In Carstensen, L. L., Edelstein, B. A. (eds.) *Handbook of Clinical Gerontology*, pp. 291-311.

Antonucci, T. C., Lansford, J. E., Schaberg, L., Smith, J., Baltes, M., Akiyama, H., Takahashi, K., Fuhrer, R., Dartigues, J. F. (2001) Widowhood and illness: A comparison of social network characteristics in France, Germany, Japan, and the United States. In *Psychology and Aging*, Vol. 16 (4), pp. 655-665.

Antonucci, T. C., Akiyama, H., Takahashi, K. (2004) Attachment and close realtionships across the life span. In *Attachment and Human Development*, Vol. 6, No. 4, pp. 353-370.

Aries, P. (1977) *L'Homme devant la mort*. Editions du Seuil.

※引用：Aries, P. (2000) *Dějiny smrti*. (Navrátilová, D. 訳) Praha: Argo（チェコ語訳）

浅川達人（2003）「高齢期の人間関係」古谷野亘・安藤孝敏（編）『新社会老年学―シニアライフのゆくえ』ワールドプランニング、一〇九―一三九頁

Attig, T. (1996) *How We Grieve: Relearning the World*. Oxford University Press.

※参照：アティッグ・トーマス（1998）『死別の悲しみに向きあう』大月書店、林大（訳）

Becker, H. S., Geer, B., Hughes, E. C., Strauss, A. L. (1961) *Boys in White: Student Culture in Medical School*. University of

Chicago Press.
ベッカー、カール（2000）「日本の脳死判定採用に反対する理由」梅原猛（編）『「脳死」と臓器移植』朝日文庫
ベッカー、カール（2008）「死の現状」得丸定子（編）『いのち教育をひもとく―日本と世界』現代図書、五五―七二頁
ベッカー、カール（2009）「ＳＯＣの現状とスピリチュアル教育の意味」カール・ベッカー、弓山達也（編）『いのち　教育　スピリチュアリティ』大正大学出版会、一〇一―一三八頁
Berkman, L. F., Glass, T. (2000) Social integration, social networks, social support, and health. In Berkman, L. F., Kawachi, I. (eds.) *Social epidemiology*. Oxford University Press, pp. 137-173.
Bornat, J. (2004) Oral History. In Seale, F., Gobo, G., Gubrium, J. F., Silverman, D. (eds.) *Qualitative Research Practice*. Sage, pp. 34-47.
Bott, E. (1957) *Family and Social Network (roles, norms and external relationships in ordinary urban families)*. London: Tavistock Publications.
Boudon, R., Besnad, P., Cherkaoui, M., Lecuyer, B. P. (1999) *Dictionnaire de Sociologie*. Larousse-Bordas/HER.
※引用：*Sociologický slovník*, Univerzita Palackého, Olomouc 2004.（チェコ語訳）
Bridges, L. J., Moore, A. (2002) Religion and Spirituality in Childhood and Adolescents, In *Child Trends*, 39, pp. 1-62.
Canter, M. H. (1979) Neighbors and friends-An over looked recourses in the informal support system. In *Research on aging*, 1, pp. 434-463.
Carstensen, L. L. (1991) Socioemotional selectivity theory: Social activity in life-span context. In *Annual Review of Gerontology and Geriatrics*, 11, pp. 195-217.
Carstensen, L. L., Isaacowitz, D. M., Charles, S. T. (1999) Taking time seriously: a theory of socioemotional selectivity. In *American Psychologist*, 54, pp. 165-181.
Český statistický úřad（チェコ統計局）(2001) *Náboženské vyznání obyvatelstva* (kód: 4110-03).
Cesta domů-Hospicové občanské sdružení (eds.) (2004) *Umírání a paliativní péče v ČR (situace, reflexe, vyhlídky)*, Public Health Nadace Open Society Fund Praha.
Chochinov, H. M. (2002) Dignity-Conserving Care—A New Model for Palliative Care. Helping the Patient Feel Valued. In *Journal of American Medical Association*, 287, pp. 2253-2260.

Chochinov, H. M., Hack, T., Hassard, T., Kristjanson, L. J., McClement, S., Harlos, M.（2005）Dignity Therapy: A Novel Psychotherapeutic Intervention for Patients Near the End of Life. In *Journal of Clinical Oncology*, Vol. 23, No. 24, pp. 5520–5525.

Coleman, J. S.（1990）*Foundations of Social Theory*. Cambridge, MA: Harvard University Press.

大東俊一（2009）『日本人の他界観の構造』彩流社

Drazí zesnulí, skromní pozůstalí.（2009）Týden, ročník XVI., 43, p. 11.

Eliade, M.（1964）*Traite d'histoire des religions*. Paris: Payot.

※引用：Eliade, M.（2004）*Pojednání o dějinách náboženství.*（Vacek, J. 訳）Argo（チェコ語訳）

Elkind, D.（1964）Age change and religious identity, in *Review of Religious Research*, 6, pp. 36–40.

Elkind, D.（1970）The origins of religion in the child, in *Review of Religious Research*, 12, pp. 35–42.

Eriksen, T. H.（1995, 2001）*Small Places, Large Issues. An Introduction to Social and Cultural Anthropology*, London: Pluto Press.

※引用：Eriksen, T. H.（2008）Sociální a kulturní antropologie, Praha: Portál,（チェコ語訳）

Fiori, K. L., Antonucci, T. C., Cortina, K. S.（2006）Social Network Typologies and Mental Health Among Older Adults. In *Journal of Gerontology: Psychological Sciences*, 61B-1, pp. 25–32.

Fowler, J. W.（1991）Stages in faith consciousness, In F. K. Oser & W. G. Scarlett（ed.）*Religious development in childhood and adolescence, New Directions for Child Development*, No. 52, pp. 27–45.

Frankl, V. E.（1977）*Trotzdem Ja zum Leben sagen: e. Psychologe erlebt d. Konzentrationslager*. Muenchen: Kösel.

Freeman, L.（1978）Centrality in Social Networks. In *Social Networks*, 1, pp. 215–239.

Freeman, L.（2004）*The Development of Social Network Analysis: A Study in the Sociology of Science*. Vancouver: Empirical Press.

藤井政雄（1988）「〈見える他界〉としての墓――「現代における先祖祭祀の変容」へのコメント」盛岡清美・藤井政雄（編）『生者と死者』三省堂、一〇七―一一二頁

藤井政雄（2007）「死者と生者の接点：日本文化と仏教の聖地観」『死者と生者の接点、〈特集〉第六十五回学術大会紀要』宗教研究、八〇（四）、八三七―八五三頁

藤崎宏子（1998）『高齢者・家族・社会的ネットワーク』培風館
福田アジオ、小松和彦（編）（1998）『講座　日本民俗学　①民俗学の方法』雄山閣出版
福田アジオ（2004）『寺・墓・先祖の民俗学』大河書房
福田アジオ、新谷尚紀、湯川洋司、神田より子、中込睦子、渡邉欣雄（編）（2006）『精選　日本民俗辞典』吉川弘文館
藤田峯子、上野範子（2003）「在宅被介護高齢者のソーシャル・サポートと精神的健康」『日本看護福祉学会誌』八巻二号、七三―八六頁
岐阜県県政策研究会（2010）「県内の孤独死の推移」岐阜新聞（編）『お年寄り孤独死、県内二〇〇人超　〇九年まで三年連続』岐阜新聞、二〇一〇年八月一九日付
Gorer, G.（1955）The pornography of death. In *Encounter*, pp. 49-52.
Gorer, G.（1965）*Death, Grief and Mourning in Contemporary Britain*, London.
郷堀ヨゼフ（2008）『日本の高齢者を取り巻く諸相―社会的ネットワークの視点から』新潟県地域総合研究所
郷堀ヨゼフ、細江容子、シコラ・ヤン、得丸定子（2009）「介護施設における高齢者の社会的ネットワーク　～介護理念・地域性・家族関係・性別等による影響の観点から～」『教育実践学論集』（一〇）、一五九―一七〇頁
郷堀ヨゼフ（2009）「小正月行事に参加する子どもの行動と意識に関する一考察」『日本民俗学会第六一回年会　研究発表要旨集』五〇頁（発表抄録）
郷堀ヨゼフ（2010a）「死生観、主にあの世とのつながりに関する東西比較研究」『学校教育実践学研究者・指導者の育成―取組報告書』兵庫教育大学、二二一―五頁
郷堀ヨゼフ（2010b）「終末高齢期を支える大切な人とのつながり～生者と死者から成り立つネットワークに関する一考察～」『仏教看護・ビハーラ』四・五号、一七六―一九一頁
郷堀ヨゼフ（2011）「小正月行事に参加する子どもの行動と意識に関する一考察」『日本民俗学』二六五号、五七―七一頁
Granovetter, M.（1983）The Strenght of Weak Ties: A Network Theory Revisited. In *Sociological Theory*, 1, pp. 201-233.
浜口恵俊（1982）『間人主義の社会日本』東洋経済新報社
原田謙、杉澤秀博、浅川達人、斎藤民（2005）「大都市部における後期高齢者の社会的ネットワークと精神的健康」『社会学評論』五五、四三四―四四八頁
Harper, S.（2006）*Ageing Societies*. Oxford University Press, pp. 174-185.

Hashimoto, A., Ikels, C.（2005）Filial Piety in Changing Asian Societies. In: *The Cambridge Handbook of Age and Ageing*, Cambridge University Press, pp. 437-442.

橋本有理子（2005）「老年期における家族的役割、社会的役割と精神的健康との関連性に関する研究」『関西福祉科学大学紀要』第九号、一一七―一三〇頁

橋本有理子（2006）「老年期における社会的活動、友人関係と精神的健康との関連性に関する研究」『関西福祉科学大学紀要』第一〇号、一八九―二〇六頁

Haškovcová, H.（2000）*Thanatologie. Nauka o umírání*. Praha: Galén.

Hendl, J.（2008）*Kvalitativní výzkum-Základní teorie, metody a aplikace*. Praha: Portál.

Hess, B.（1972）Friendship. In: Riley, M. W.（ed.）*Aging and Society*, 3, pp. 357-393.

Hofstede, G.（1984）The cultural relativity of the quality of life concept. In *Academy of Management Review*, 9(3), pp. 389-398.

飯倉義之（2008）「現地の〈声〉と研究倫理」『日本民俗学』二五三、七五―八三頁

池上良正（2003）『死者の救済史―供養と憑依の宗教学』角川書店

池上良正（2002）「死者に口あり―民俗宗教における死者との対話」国立歴史民俗博物館（編）『異界談義』角川書店

池波恵美子（1991）『脳死・臓器移植・がん告知』福武書店

岩上真珠、鈴木岩弓、森謙二、渡辺秀樹（2010）『いま、この日本の家族　絆のゆくえ』弘文堂

Jerrome, D., Wenger, G. C.（1999）Stability and change in late-life friendship. In *Ageing and Society*, Cambridge University Press, pp. 661-676.

加地伸行（1994）『沈黙の宗教―儒教』筑摩書房

Kahn, R. L., Antonucci, T. C.（1980）Convoys over the life course. Attachment, roles and social support. In Baltes, P. B. & Brim, O. G.（eds.）*Life-Span Development and Behaviour*, pp. 253-286.

金児暁嗣（1997）『日本人の宗教性―オカゲとタタリの社会心理学』新曜社

金田久璋（1995）「祖霊信仰」赤田光男、小松和彦（編）『講座日本の民俗学　⑦神と霊魂の民俗』雄山閣出版、二三一―二四六頁

金本伊津子（2001）「津軽・下北地方における生者と死者の癒しのコミュニケーション―死者の語りと冥婚２」『平安女子大学

院研究年報』二号、四七—五四頁
川上新二（2005）「韓国における仏教と祖先崇拝に関する一考察」『文化』駒澤大学、第二三号、四四—六三頁
川本龍一、土井貴明、岡山雅信ほか（2000）「地域在住高齢者の精神的健康に対する介護の影響に関する調査」『日本老年医学会雑誌』三七（一一）、九一二—九二〇頁
川本龍一、吉田理、土井貴明（2004）「地域在住高齢者の精神的健康に関する調査」『日本老年医学会雑誌』四一（一）、九二—九八頁
川村邦光（2006）「戦死者の亡霊と異界」小松和彦（編）『日本人の異界観』せりか書房、二〇〇六、八三—一〇五頁
川島大輔（2007）「死者と生者を結ぶ物語—「浄土でまた会える」という意味づけをめぐって」『京都大学大学院教育学研究科紀要』五三号、一五〇—一六五頁
Klasing, M. J.（2008）The Cultural Roots of Institutions. In *University of St. Gallen, Department of Economics, Discussion Paper*, No. 24.
Klass, D., Silverman, P. R., Nickman, S. L.（1996）*Continuing Bonds*, Routledge.
Klass, D.（1999）*The Spiritual Lives of Bereaved Parents*. Brunner-/Mazel Taylor & Francis Group.
小泉弥生、栗田主一、関徹ほか（2004）「都市在住の高齢者におけるソーシャル。サポートと抑うつ症状の関連性」『日本老年医学会雑誌』四一、四二六—四三三頁
『故事ことわざ辞典』（電子版）、学研、一九九八—二〇〇一
小松和彦（1997）『神々の精神史』講談社
小松和彦（1998）「民俗調査の二類型」福田アジオ、小松和彦（編）『講座　日本民俗学　①民俗学の方法』雄山閣出版
小松和彦、関一敏（編）（2002）『新しい民俗学へ—野の学問のためのレッスン　26』せりか書房
小松和彦（2003）『異界と日本人—絵物語の想像力』角川書店
小松和彦（編）（2006）『日本人の異界観』せりか書房
孝本貢、八木透（編）（2006）『家族と死者祭祀』早稲田大学出版部
高齢者痴呆介護研究研修東京センター（編）（2004）『利用者の生活を支えるユニットケア施設におけるケアと管理・経営』中央法規
古谷野亘、西村昌記、矢部拓也ほか（2005）「関係の重複が他者との交流に及ぼす影響：都市男性高齢者の社会関係」『老年社会

学』二七（一）、一七―二三頁
古谷野亘、矢部拓也、西村昌記ほか（2007）「地方都市における高齢者の社会関係―気心が知れた他者の特性」『老年社会学』二九（一）、五八―六四頁
古谷野亘（2009）「高齢期の社会関係：日本の高齢者についての最近の研究」『聖学院大学論叢』二一（三）、一九一―二〇〇頁
近藤功行、小松和彦（編）（2008）『死の儀法：在宅死に見る葬の礼節・死生観』ミネルヴァ書房
Krause, N.（2001）Social support. In Binstock, R. H., George, L. H.（eds.）*Handbook of aging and social sciences*（5th ed.）, San Diego: Academic Press, pp. 273–294.
熊野純彦、下田正弘（編）（2008）『死生学〈2〉死と他界が照らす生』東京大学出版会
Lansford, J. E., Antonucci, T. C., Akiyama, H., Takahashi, K.（2005）A Quantitative and Qualitative Approach to Social Relationships and Well-Being in the United States and Japan. In *Journal of Comparative Family Studies*, Vol. 36(1), pp. 1–22.
Líman, A.（2001）*Mezi nebem a zemí. Ideální místa v japonské tradici*. Praha: Academia.
Litwak, E., Szelenyi. I.（1969）*Primary group structures and their functions: kin, neighbours, and friends*. In American Sociological Review, 34(4), pp. 465–481.
Máchal, J.（1995）*Bájesloví slovanské*. Olomouc: Votobia.
前田直子（1998）「老年期の友人関係―別居子関係との比較検討」『社会老年学』通号二八、五八―七〇頁
前田尚子（1999）「非家族からのサポート」折茂肇ほか（編）『新老年学』第二版、東京大学出版会、一四〇五―一四一五頁
Maslow, A. H.（1943）A theory of human motivation. In *Psychological Review*, Vol. 50(4), pp. 370–396.
McCallister, L., Fischer, C. S.（1978）A procedure for surveying personal networks. In *Sociological Methods and Research*, Vol. 7, No. 2, pp. 131–148.
Metcalf, P., Huntington, R.（1991）*Celebrations of Death: The Anthropology of Mortuary Ritual*. Cambridge: University Press (2nd ed.).
宮家準（2007）「死者と生者の接点：民俗宗教の視点から」『死者と生者の接点、〈特集〉第六十五回学術大会紀要』宗教研究、八〇（四）、八一五―八三六頁
百川敬仁（2007）「異界」『日本歴史大辞典』小学館
Moreno, J. L.（1934）*Who Shall Survive?*, Washington: Nervous and Mental Disease Publishing Company.

森岡清美（1984）『家の変貌と先祖の祭』日本基督教団出版局
諸岡了介、相澤出、田代志門、岡部健（2008）「現代の看取りにおける『お迎え』体験の語り」『死生学研究』第九号
最上孝敬（編）（1979）『墓の習俗　葬送墓制研究集成（第四巻）』名著出版
Nagy, M.（1948）The child's theories concerning death. In *Journal of Genetic Psychology*, 83, pp. 199-216.
中村元（1994）「空の論理　大乗仏教」『中村元選集　決定版』二二巻、春秋社
中野卓、桜井厚（編）（1995）『ライフヒストリーの社会学』弘文堂
波平恵美子（1985）『ケガレ（民俗宗教シリーズ）』東京堂出版
波平恵美子（1990）『病と死の文化　現代医療の人類学』朝日選書
波平恵美子（2004）『日本人の死のかたち』朝日新聞社
新潟県糸魚川市（編）（2005）「国勢調査の結果　糸魚川市における人口と世帯数」平成一八年一〇月一三日付けで確定。
新潟県糸魚川市（編）（2010）「糸魚川市人口及び世帯表　平成二二年一月末現在」
野邊政雄（2005）「地方小都市に住む高齢女性の社会関係における階層的補完性」『社会心理学研究』第二一巻第二号、一一六—一三二頁
野邊政雄（2006）『高齢女性のパーソナル・ネットワーク』御茶の水書房
野邊政雄（2010）「日本における高齢者の友人関係に関する研究動向」『岡山大学大学院教育学研究科研究集録』第一四五号、五三—五八頁
野口祐二、杉澤秀博（1999）「社会的紐帯と健康」折茂肇ほか（編）『新老年学　第二版』東京大学出版会、一三四三—一三四八頁
野村豊子（1998）『回想法とライフレビュー　その理論と技法』中央法規
能智正博（2004）「理論的なサンプリング：質的研究ではデータをどのように選択するのか」無藤隆、南博文、サトウタツヤ、やまだようこ、麻生武（編）『質的心理学—創造的に活用するコツ』新曜社、七八—八三頁
能生町史編さん委員会（編）（1986）『能生町史』能生町役場、上巻・下巻
落合恵美子（2000）『近代家族の曲がり角』角川書店
小田島健己（2009）「川倉賽の河原地蔵尊にみる花嫁・花婿人形—〈死者の結婚〉を表現するもの」『日本民俗学会第六一回年会　研究発表要旨集』一二〇頁

大下大圓（2005）『癒し癒されるスピリチュアルケア』医学書院
小谷みどり（2003）「死のイメージと死生観」『Life DesignREPORT』六、四―一五頁
Patton, M. Q.（1990）*Qualitative evaluation and research methods.*（2nd ed.）. Sage Publications.
Piaget, J., Inhelder, B.（1958）*The growth of logical thinking from childhood to adolescence.* Basic Books.
Radcliffe-Brown, A. R.（1952）*Structure and Function in Primitive Society: Essays and Addresses.* Free Press.
Rosenthal, G.（2004）Biographical Research. In Seale, F., Gobo, G., Gubrium, J. F., Silverman, D.（eds.）*Qualitative Research Practice*, Sage, pp. 48-64.
坂本佳鶴恵（1990）「扶養規範の構造分析」『家族社会学』二、五七―六九頁
坂本要（1995）「他界観と民俗」赤田光男、小松和彦（編）『講座日本の民俗学　⑦神と霊魂の民俗』雄山閣出版、二〇五―二二五頁
桜井徳太郎（1977）『霊魂観の系譜　歴史民俗学の視点』筑摩書房
Salvador, R. J.（2003）What Do Mexicans Celebrate on the "Day of the Dead?" In Morgan, J. D., Laungani, P.（eds.）*Death and Bereavement Around the World, Volume 2: Death and Bereavement in the Americas.* Amityville, NY: Baywood Press.
佐々木馨（2002）『生と死の日本思想―現代の死生観と中世仏教の思想』トランスビュー
佐藤弘夫（2008）『死者のゆくえ』岩田書院
佐藤至英、戸澤希美（2003）「独居高齢者のストレスとＱＯＬとの関係」『北方圏生活福祉研究所年報』第九号、三九―四五頁
Schmitt, J. C.（1994）*Les revenants:les vivants et les mortes dans la societe medievale.* Gallimard.
※引用：Schmitt, J. C.（1998）*Ghost in the Middle Ages: The Living and the Dead in Medieval Society*, The University of Chicago Press.（英訳）
シュールマン・ドナ（Schuurman, D.）（2009）「お父さんは今何を考えているのだろう―親を亡くした子供たちへ」カール・ベッカー（編）『愛する者の死とどう向き合うか』晃洋書房
世界保健機関（1948）『世界保健機関憲章』（昭和二六年　官報掲載の日本語訳）
関沢まゆみ（2002）「葬送儀礼の変容」国立歴史民俗博物館（編）『葬儀と墓の現在　民俗の変容』吉川弘文館
柴田博（1985）『間違いだらけの老人像―俗説とその科学』川島書店
柴田博、杉澤秀博、長田久雄（編）『老年学要論―老いを理解する』建帛社

島貫秀樹、崎原盛造、芳賀博ほか（2003）「沖縄農村地域の高齢者における交流頻度と生活満足度および精神的健康との関連―ＩＡＤＬレベルによる比較」『日本民族衛生学会』六九（六）、一九五―二〇四頁
清水惠子、塩野寛、上園崇（2002）「高齢者の孤独死の死因分析と予防対策　内外因死、自殺、事故死の分析」『大和証券ヘルス財団研究業績集』二五、一六―二二頁
新谷尚紀（1991）『両墓制と他界観』吉川弘文館
新谷尚紀（2008）「石塔と墓籍簿―実際の死者と記録される死者―両墓制・単墓制の概念を超えて（生老死と儀礼に関する通史的研究）」西本豊弘（編）『国立歴史民俗博物館研究報告』一四一、三九三―四九二頁
真野俊和（2001）『日本の祭りを読み解く』吉川弘文館
真野俊和（2006）『民俗学的観点に基づく中域的地域システムの研究』科学研究費補助金（基盤研究Ｃ）研究成果報告書
真野純子（2009）「家来筋がおこなう地侍の供養と屋敷先祖」『日本民俗学会第六一回年会：研究発表要旨集』八二頁
新谷尚紀（2009）『お葬式―死と慰霊の日本史』吉川弘文館
Silverman, D.（2005）*Doing Qualitative Research.*（2nd edition）, Sage.
Simmel, G.（1903）*Die Grosstädte und das Geistesleben*, Dresden: Petermann.
Smith, R. J.（1974）*Ancestor Worship in Contemporary Japan*. Stanford University Press.
Smith, R. J.（1983）Ancestor Worship in Contemporary Japan. In *Nanzan Bulletin*, No. 7, pp. 30–40.
袖井孝子（2004）『少子化社会の家族と福祉』ミネルヴァ書房
Speece, M. W., Brent, S. B.（1984）Children's Understanding of Death: A Review of Three Components of a Death Concept. In *Child Development*, Vol. 55, pp. 1671–1686.
Spradley, J. P.（1979）*The Ethnographic Interview*. New York: Holt, Rinehart and Winston.
Stálá rada České biskupské konference（eds.）.（1999）*Sčítání účastníků katolických bohoslužeb v Česku.*
Stálá rada České biskupské konference（eds.）.（2004）*Sčítání účastníků katolických bohoslužeb v Česku.*
Stálá rada České biskupské konference（eds.）.（2009）*Sčítání účastníků katolických bohoslužeb v Česku.*
Steinhagen-Thiessen, E., Borchelt, M.（1999）Morbidity, medication, and functional limitation in very old age. In Baltes, P., Mayer, K.（eds.）*The Berlin Aging Study: Aging from 70 to 100*. Cambridge University Press, pp. 131–166.
末木文美士（2007）『他者／死者／私』岩波書店

末木文美士（2009）「日本宗教史と死の臨床」『死の臨床』Vol. 32, No. 1、二七―二九頁

杉澤秀博（2007）「高齢者と社会」柴田博、杉澤秀博、長田久雄（編）『老年学要論―老いを理解する』建帛社、一九九―二七八頁

須藤功（1996）『葬式―あの世への民俗』青弓社

鈴木岩弓（1982）「「もり供養」の一考察―参詣者の意識と行動をめぐって」『東北大学文学部日本文化研究』（一九）、四七―八三頁

鈴木岩弓（1995）「庄内地方における「もり供養」の寺院行事化現象の実態」『東北大学文学部日本文化研究』（三二）、九四―六〇頁

鈴木岩弓（2005）「民俗仏教にみる『死者』への祈り―遺影を手がかりに」『日本仏教大学年報』第七〇号、二三五―二四八頁

鈴木岩弓（2010）「写真が語る現代人の絆」岩上真珠、鈴木岩弓、森謙二、渡辺秀樹（著）『いま、この日本の家族―絆のゆくえ』弘文堂

Takahashi, K., Ohara, N., Antonucci, T. C., Akiyama, H. (2002) Commonalities and differences in close relationships among the Americans and Japanese: Acomparison by the individualism/collectivism concept. In *International Journal of Behavioral Development*, 26(5), pp. 453-465.

竹田聴洲（編）（1979）『先祖供養―葬送墓制研究集成（第三巻）』名著出版

竹田旦（編）（2000）『日韓祖先祭祀の比較研究』第一書房

田宮仁（2007）『「ビハーラ」の提唱と展開　淑徳大学総合福祉学部研究叢書25』学文社

谷川健一（2010）「「共存」を失った日本社会」『遠野物語にみる東北際発見シンポジウム―基調講演』東京、二〇一〇年七月一五日

谷山洋三（2008）『仏教とスピリチュアルケア』東方出版

田代志門（2009）「受け継がれていく生」岡部健、竹之内裕文（編）／清水哲郎（監）『どう生きどう死ぬか―現場から考える死生学』弓箭書院

Thomése F., Tilburg, T. V., Groenou, M. B. v., Knipscheer, K. (2005) Network Dynamics in Later Life. In Malcolm L. Johnson (ed.) *The Cambridge Handbook of Age and Ageing*, Cambridge University Press, pp. 464-467.

徳丸亜木（1990）「屋敷神と先祖：屋敷神研究の予備的考察」『日本文化研究：筑波大学大学院博士課程日本文化研究学際カリ

キュラム紀要』二、三九―五七頁
得丸定子（編）（2008）『いのち教育をひもとく―日本と世界』現代図書
東京都総務局（編）（2005）「国勢調査結果にみる世帯の現況」『東京都統計』
上野淳（2005）『高齢社会を生きる：住み続けられる施設と街のデザイン』鹿島出版会
梅原猛（1989）『日本人の「あの世」観』中央公論社
和辻哲郎（1934）『人間の学としての倫理学』岩波書店
脇田健一（2008）「死者―生者関係の構造転換（特集　霊魂観の変遷）」『季刊日本思想史』（七三）、一〇一―一一八頁
Wellman, B.（1979）The community question: The intimate network of East Yorkers. In *American Journal of Sociology.*
Wellman, B., Berkowitz, S. D.（eds.）（1988）*Social Structures: A Network Approach.* Cambridge: Cambridge University Press.
山田慎也（2002）「亡き人を思う」国立歴史民俗博物館（編）『異界談義』角川書店、三三―四八頁
山田慎也（2007）『現代日本の死と葬儀　葬祭業の展開と死生観の変容』東京大学出版会
やまだようこ（2000）「死にゆく過程と人生の物語」カール・ベッカー（編）『生と死のケアを考える』四五―六五頁、法蔵館
山形孝夫（2007）「死者と生者の接点：コプト修道院のフィールド・ノートから」『死者と生者の接点、〈特集〉第六十五回学術大会紀要』宗教研究、八〇（四）、八五四―八七八頁
山折哲夫（1990）『死の民俗学　日本人の死生観と葬送儀礼』岩波書店
（※引用は『死の民俗学　日本人の死生観と葬送儀礼』岩波現代文庫、二〇〇二）
山崎喜比古、坂野純子、戸ヶ里泰典（編）（2008）『ストレス対処能力ＳＯＣ』有信堂高文社
柳田國男（1946）『先祖の話』筑摩書房　（※引用は『先祖の話』筑摩書房、一九七〇）
柳田國男（1949）『魂の行くへ』筑摩書房（※引用は「魂の行くえ」『柳田国男全集』第一三巻所収、筑摩書房、一九九〇）
矢野敬一（2006）『慰霊・追悼・顕彰の近代』吉川弘文館
安田雪（1997）『ネットワーク分析』新曜社
横浜市（編）（2010）「孤独死対策で高齢者生活調査」
米本昌平（1988）『先端医療革命』中公新書

付録

付録1　インタビュー調査の構成表

	項　目	内　容
1	挨拶・調査のお願い	自己紹介した上で、調査の旨を伝え、個人情報扱いについて説明して調査をお願いする。対象者の同意を得た上で、インタビューを開始する。
2	個人要因・状況要因	性別・年齢・学歴・退職前職業・健康（心身）状態・収入源・経済的状況など個人要因を始め、対象者の家族背景・住居形態・婚姻状況について尋ねる。状況要因の主な項目は以下のとおりである：配偶者との物理的距離・配偶者による面会頻度・子ども有無・子どもとの物理的距離・子どもによる面会頻度・友人の有無・友人の人数・親友の有無・親友との物理的距離・親友による面会頻度・近隣ネットワーク・（施設へ入居した場合：施設入居期間・入居前の居住形態・施設内の付き合い）等。
3	人間関係の広がり	社会的ネットワーク（家族・友人・近隣・その他）・関係の質・距離感（精神的距離）・面会頻度・情緒的側面など。ネットワーク・メンバーの属性（年齢・性別・対象者との関係・関係の質など）。諸関係における援助、愛情、肯定などについて。
4	人生の振り返り	個人史（ライフストーリー）を用い、対象者の人生を一緒に振り返る。（共同作業）。対象者の価値観・世界観を追求し、人生の危機時の支え、サポートに着目する。ライフレビューの手法ならびにディグニティ・セラピーの構成項目を参考にしながら、振り返りを行う。なお、ディグニティ・セラピーの構成項目を以下に示す（Chochinov 2002, 2005：田代 2009）。（あなたの人生について考えてください。特に、あなたがもっともよく憶えていることや、もっとも大切に思ってことは何ですか。あなたがもっとも生き生きとしていたのはいつ頃ですか。／あなた自身について、特に家族に知ってほしいことがありますか。あるいは、特に家族に憶えておいてほしいことがありますか。／あなたが人生で果たした役割の中で、もっとも大切なものは何ですか。／あなたが成し遂げたことのなかで、もっとも大切なことは何ですか。なにもつとも誇

		りをもっていますか。／あなたの愛する人に対して、どんな希望や夢を持っていますか。／あなたが人生について学んだことのなかで、ほかの人たちに伝えておきたいと思うことは何ですか。／あなたは、あなたの○○○（息子、娘、夫、妻、その他の人）に、どんなアドバイスや導きの言葉を伝えておきたいですか。／将来、家族の役に立つように、伝えておきたい言葉や指示はありますか。
5	異界とのネットワーク	話題を「この世」から「あの世」に慎重に移し、死者との関係性についてたずねる。日常と非日常の場面に着目し、振り返り（ライフヒストリー）の一環として人生の様々な場面における死者との関係性の在り方、対象者本人にとっての意義を追求する。死者を対象とする祭祀や先祖崇拝、様々な習俗や習慣ないしは言い伝えなどについてたずね、時間の流れを伴う変容にも注目する。他に、死者とはどのような存在、死後の世界、祟る死者、死に対する不安などと対象者の死生観に関連する質問。
6	まとめ	対象者にとって「大切な存在」とは？　対象者をサポートしたり、対象者にとって「大切な存在」である生者と死者との関係から形成されるネットワークを追求し、対象者とともに構図を作成していく。各関係における情緒的・サポート的側面などについてたずね、各関係における距離感、コミュニケーションの有様や関係の質などと具体的な在り方に着目する。
7	お礼	お礼を言い、インタビューを終了する。感想を尋ねる。

付録2　対象者属性詳細表

	性別	年齢 ※2	宗派	出身地	生涯の主な居住地	現在の居住地 形態	現在の居住地 詳細	主な職業	仏壇有無	仏壇代替	婚姻状況	喪った大切な人	分類 ※1	備考（最も大切な存在等）
A氏	女	87	禅宗	山村	農村	自宅 農村	家族と近居	農業	有	ー	死別	夫	擬人化	亡き夫、子ども
B氏	女	83	禅宗	別	山村 自宅	山村	家族と同居	農業	有	ー	既婚	子、兄妹	内面化	夫
C氏	男	84	禅宗	山村	山村 自宅	山村	家族と同居	農業	有	ー	既婚	子、兄妹	内面化	妻、息子
D氏	女	92	禅宗	農村	農村 自宅	農村	家族と同居	農業	有	ー	死別	夫、嫁	擬人化	息子
E氏	女	86	真宗	山村	山村	ケア	四年前入居	農業	無	位牌 帰省	死別	夫	擬人化	亡き夫
F氏	女	83	真宗	別	農村	ケア	一年前入居	自営業	無	小型 帰省	死別	夫、息子	擬人化	「やっぱり主人ですね」
G氏	女	83	真宗	農村	農村	ケア	一一年前入居	農業	無	無	死別	夫	希薄化	家族、子ども
H氏	男	89	真宗	農村	農村	施設	一年前入居	農業兼工業	無	無	既婚	息子、兄妹	内面化	家族、息子
I氏	女	83	真宗	漁村	農村	施設	一年前入居	農業	無	帰省	死別	夫	希薄化	家族、兄
J氏	女	96	真言	農村	農村	施設	五年前入居	自営業	無	帰省	死別	夫、子	希薄化	家族、息子
K氏	女	91	真宗	漁村	山村	自宅	家族と同居	農業	有	ー	死別	夫	内面化	家族
L氏	女	83	真宗	山村	山村	自宅	家族と同居	農業	有	ー	死別	夫	擬人化	家族、先祖
M氏	男	90	真宗	漁村	漁村	ケア	一年前入居	林業	無	無	既婚	息子、兄妹	内面化	死者との関係「心の中だけです。」
N氏	女	86	真宗	漁村	漁村	ケア	一年前入居	サービス業	無	無	既婚	息子、兄妹	内面化	夫

O氏	女	84	真宗	漁村	漁村	ケア	入居直後	漁業	無	帰省	既婚	兄妹	内面化	思い出の中の死者／船と仕事
P氏	男	84	真	山村	山村	自宅	家族と同居	農業	有	—	既婚	息子、兄妹	内面化	「先祖のおかげで私たちはいる」／妻、家族
Q氏	女	96	禅宗	山村	山村	ケア	一年前入居	農業	無	帰省	死別	夫	擬人化	亡き夫
R氏	男	86	不明	漁村	漁村	ケア	三年前入居	漁業兼建設	無	無	死別	妻、子ども	希薄化	「死んでしまえば、終わり」／自分の力、健康
S氏	男	93	禅宗	山村	農村	ケア	一年前入居	農業兼土木	無	帰省	既婚※妻重病	子ども	希薄化	「空想だね。生前のことだ」／自分の努力
T氏	女	88	真宗	漁村	漁村	ケア	八年前入居	日雇い	無	帰省	死別	夫、子ども	内面化	「心の中」／子ども、子どもの配偶者
U氏	男	91	真宗	農村	農村	ケア	八年前入居	農業兼藁職人	無	位牌遺影	死別	妻	希薄化	「一本杉」／お金、健康、自分
V氏	女	96	真宗	農村	農村	施設	五年前以上入居	医療福祉	無	読経	死別	夫、子、孫	内面化	亡き夫、亡き母、亡き父
W氏	女	90	禅宗	漁村	農村	ケア	一〇年前入居	自営業	無	写真「カミダナ」	死別	親せき、兄妹	擬人化	亡き兄
X氏	女	96	真宗	山村	山村	施設	一〇年前入居	農業	無	無	死別	夫、子ども	内面化	亡き子ども
Y氏	女	84	禅宗	山村	山村	ケア	二年前入居	農業	無	帰省（毎日）	死別	夫、兄妹	擬人化	死者「身近な存在」／亡き兄

※1　本論第二章第二節で述べた死者との関係性のパターン。「擬人化」は擬人化した情緒的関係の省略、「内面化」は内面化した情緒的関係でありの省略、「希薄化」は希薄化した情緒的関係の省略である。

※2　本書に掲載される対象者年齢は調査当時の年齢である（二〇〇九年当時）。

な行

は行

ま行

や行

索　引

著者略歴

郷堀ヨゼフ（Gohori Josef）

一九七九年にチェコスロバキア（現在、チェコ共和国）に生まれる。新潟県上越市在住。
二〇〇〇年にカレル大学社会科学部卒業後、二〇〇七年カレル大学哲学部門日本研究学科修了（修士（文学）取得）、二〇一一年兵庫教育大学大学院連合学校教育学研究科（配属大学：上越教育大学）修了（博士（学術）取得）。

国際日本文化研究センター特別利用共同研究員、東北大学リサーチフェロー、上越教育大学専修研究員、上越教育大学や新潟県立看護大学等の非常勤講師を経て、
現在：淑徳大学講師

主にターミナルケアについて研究しながら、医療と福祉の文化的背景を追究（仏教看護・ビハーラ学会、米医療人類学会、日本民俗学会、比較日本文化研究会等の会員）

主著：『日本の高齢者を取り巻く諸相』（単著、新潟県地域総合研究所、二〇〇八）
論文：「介護施設における高齢者の社会的ネットワーク」（『教育実践学論集』一〇号、二〇〇九）
「比較近代死生観研究の前哨」（『比較日本文化研究』一五号、二〇一二）等
編集：『仏教〝ソーシャルワーク〟と西洋専門職ソーシャルワーク　―次の第一歩』（淑徳大学、二〇一六）

生者と死者を結ぶネットワーク
——日本的死生観に基づく生き方に関する考察

二〇一六年三月二〇日　第一版第一刷発行

著　者　郷　堀　ヨ　ゼ　フ

©検印省略

発行所　上越教育大学出版会
〒九四三-八五一二
新潟県上越市山屋敷町一番地
上越教育大学附属図書館内

発行者　佐　藤　芳　徳

乱丁・落丁の場合は本社でお取替えします。
定価は売上カード、カバーに表示。

発　売：株式会社　学　文　社
印刷所：新灯印刷㈱

ISBN978-4-7620-2626-3